CAFÉ COM PLATÃO

**Soluções filosóficas
para todas as épocas**

CAFÉ
COM
PLATÃO

Camelot
EDITORA

ENCONTRE MAIS
LIVROS COMO ESTE

Copyright desta obra © IBC - Instituto Brasileiro De Cultura, 2023

Reservados todos os direitos desta produção, pela lei 9.610 de 19.2.1998.

1ª Impressão 2024

Presidente: Paulo Roberto Houch
MTB 0083982/SP

Coordenação Editorial: Priscilla Sipans
Coordenação de Arte: Rubens Martim (capa)
Produção Editorial: Murilo Oliveira de Castro Coelho (Org.)
Tradução: Murilo Oliveira de Castro Coelho
Revisão: MC Coelho – Produção Editorial
Apoio de Revisão: Leonan Mariano

Vendas: Tel.: (11) 3393-7727 (comercial2@editoraonline.com.br)

Foi feito o depósito legal.
Impresso na China

Dados Internacionais de Catalogação na Publicação (CIP)
de acordo com ISBD

C672c   Coelho, Murilo

        Café com Platão / Murilo Coelho. – Barueri, SP : Camelot Editora, 2023.
        192 p. ; 15,1cm x 23cm.

        ISBN: 978-65-6095-029-0

        1. Filosofia. I. Título.

2023-3569   CDD 100
                                                                         CDU 1

Elaborado por Odilio Hilario Moreira Junior - CRB-8/9949

IBC — Instituto Brasileiro de Cultura LTDA
CNPJ 04.207.648/0001-94
Avenida Juruá, 762 — Alphaville Industrial
CEP. 06455-010 — Barueri/SP
www.editoraonline.com.br

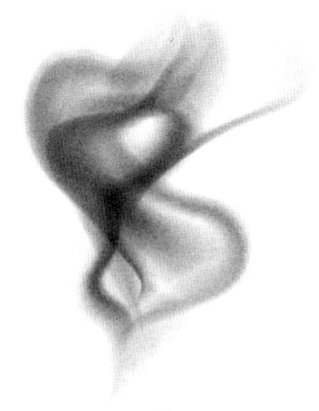

SUMÁRIO

HISTÓRIA DO PENSAMENTO SOCIAL 7
PLATÃO 26
EDUCAÇÃO NA GRÉCIA ANTIGA 48
PLATÃO, OU O FILÓSOFO.. 61
A SUBORDINAÇÃO PLATÔNICA DO INFERIOR
AO SUPERIOR... 84
INTRODUÇÃO À FILOSOFIA E AOS ESCRITOS
DE PLATÃO 117

HISTÓRIA DO PENSAMENTO SOCIAL[1]
PLATÃO E O PENSAMENTO SOCIAL GREGO

Ao nos voltarmos para o estudo da civilização grega, encontramos um desenvolvimento do pensamento social que, no aspecto racional, supera em muitos aspectos o pensamento social dos hebreus. Contudo, em seus elementos afetivos fica muito abaixo da qualidade do pensamento social hebraico. Podemos esperar encontrar no pensamento social grego novas contribuições importantes que complementam os legados dos hebreus e que, quando consideradas em conjunto às primeiras formas cristãs do pensamento social hebraico, constituem os principais fundamentos do pensamento social moderno.

A vida de pensamento dos gregos atingiu o auge com o idealismo de Platão (427-347 a.C.) e o oportunismo de Aristóteles (384-322 a.C.). Em

---

1 Título original: *A history of social thought: Plato and grecian social thought*, p. 74-110. Elaborado pelo professor e diretor do Departamento de Sociologia e Serviço Social da Universidade do Sul da Califórnia Emory S. Bogardus. Publicado por: University of Southern California Press, Los Angeles, EUA, 1922. Traduzido por: Murilo Oliveira de Castro Coelho.

um mundo de ideias, Platão retratou uma sociedade ideal. Depois de estudar 158 constituições, Aristóteles formulou regras de procedimento social prático. A *República*, de Platão, e a *Política*, de Aristóteles, são os dois principais livros de referência do pensamento social grego.

Platão e Aristóteles foram os dois primeiros pensadores da história que deixaram análises definitivamente organizadas da vida social. Embora em termos de tempo eles estejam muito próximos, em termos de conteúdo do raciocínio social eles são, em muitos pontos, antagônicos. No entanto, sua posição de destaque como pensadores não deve cegar ninguém para o fato de que o pensamento social desses filósofos foi, em parte, um desdobramento de teorias defendidas por seus antecessores. Antecedentes de Platão foram Sócrates e os sofistas, ao passo que os antecedentes a esses estudiosos foi um grande número de pensadores que, incidentalmente a seus principais esforços intelectuais, deram expressão a ideias sociais isoladas, mas bastante significativas.

No século IX a.C., Licurgo declarou que o Estado era o proprietário da criança e insistiu em um sistema de educação que preparasse a criança para o Estado. Entretanto, apesar da ênfase semelhante dada por muitos líderes gregos posteriores, a "Hélade"[2] nunca desenvolveu uma unidade nacional genuína. Ela experimentou um patriotismo nacional temporário somente quando foi atacada pelos persas e nas épocas em que os jogos nacionais estavam em seu auge.

Foi Hesíodo, o fundador da poesia didática grega, que, por volta de 700 a.C., descreveu a Era de Ouro e as eras subsequentes da sociedade. No século seguinte, Anaximandro, o filósofo, e Theognis, o poeta elegíaco [do gênero lírico, poesia caracterizada por seu conteúdo temático], discutiram o valor para a sociedade de proporcionar que as crianças

---
2   A civilização grega desenvolveu uma cultura de valorização do ser humano ao criar a filosofia, a democracia e, assim, denominar a si mesmos "helenos", cujo território era chamado de "Hélade".

fossem bem nascidas e bem treinadas – os conceitos fundamentais da eugenia[3] e da eutenia[4] atuais.

Sólon, o legislador ateniense, por volta de 590 a.c., começou a colocar em prática na legislação certas ideias de reforma social, a fim de evitar a revolução. Naquela época, era costume vender como escravos as pessoas que não podiam pagar suas dívidas – um procedimento que Sólon pôs fim. O custo de vida era muito alto. Então, Sólon proibiu a exportação de produtos alimentícios e, assim, reduziu os preços para o consumidor. Ele introduziu uma medida que hoje seria considerada revolucionária, ou seja, a limitação da quantidade de terras que um indivíduo poderia possuir. Em vez da classificação das pessoas com base na riqueza, ele substituiu a classificação com base na renda. Ele diminuiu a severidade das leis de Draco e, de outras formas, aumentou a liberdade do indivíduo. Embora o regime de Sólon tenha sido seguido por uma tirania, atribui-se a Sólon o início de certas ideias essenciais da democracia.

Após os tiranos, Atenas, sob a liderança de homens como Cleistenes, tornou-se "uma democracia pura". Cleistenes democratizou a Constituição ateniense. Ele substituiu as quatro filas por dez filas, ou unidades de governo, garantindo uma nova e melhor distribuição de autoridade. Atribui-se a ele a introdução do ostracismo como forma de punição, bem como alega-se que ele foi o primeiro indivíduo a ser condenado ao ostracismo por seu governo.

Os precursores de Platão e Aristóteles no século V eram numerosos. Ésquilo (525-456 a.C.), o primeiro dos famosos poetas trágicos atenienses, descreveu em termos gerais a evolução da sociedade civilizada. O historiador artístico Heródoto desenvolveu, por meio de sua imaginação, um ponto de vista mundial. De um estoque quase ilimitado de materiais lendários e etnológicos ele elaborou um tema planetário que teve

---

3   Atribuído ao conjunto de ideias que almeja a melhoria genética dos seres humanos. O termo foi originalmente cunhado pelo antropólogo britânico Francis Galton (1822-1911), em 1883, palavra derivada do grego que significa "bem nascido" (GALTON, Francis. **Inquiries into human faculty and its development**. New York: AMS Press, 1973).

4   Conceito segundo o qual pode haver melhoria tanto do ser humano quanto de seu bem-estar pelo aprimoramento das condições de vida.

seu início na Guerra de Troia e seu ponto culminante no conflito entre as civilizações oriental e ocidental. O princípio social básico nos escritos de Heródoto é que a queda aguarda os autocratas insolentes da Terra. Heródoto descreveu os costumes e hábitos dos povos que visitou em suas inúmeras viagens ao exterior de forma tão detalhada que, por essa razão, foi considerado o primeiro sociólogo descritivo do mundo.

Péricles (495?-429 a.C.), talvez o maior estadista da Grécia, promoveu a causa da democracia. Sua concepção de democracia o levou a tornar todo o corpo de cidadãos elegível para ocupar cargos públicos. Péricles iniciou um programa social que, em certos aspectos, era paternalista. Ele instituiu o plano de conceder subsídios para o desempenho de funções públicas. Como resultado, o serviço público altruísta foi minimizado e o moral político foi enfraquecido. Péricles foi levado a esse erro pelo desejo de competir pela estima pública com Cimon, que fez grandes doações aos pobres na forma de jantares e roupas.

Em suas tragédias, Eurípedes (480-406 a.C.) despertou o interesse pelas experiências, não de personagens lendários, como muitos de seus predecessores haviam feito, mas dos membros comuns da sociedade ateniense. Ele foi um porta-voz da emancipação da mulher, e seus escritos revelam as mudanças sociais que estavam ocorrendo no século V, em Atenas. Da mesma forma, as comédias de Aristófanes refletiam as mudanças sociais e, além disso, caricaturavam as condições sociais.

Hipócrates, o chamado pai da ciência médica, escreveu várias obras que atraíram a atenção dos estudiosos de Platão. Ele apresentou como a primeira das duas principais causas de doenças a influência do clima, das estações e do tempo sobre o indivíduo. Ele pode ser chamado de o primeiro antropogeógrafo por sua busca para entender e explicar como os diferentes povos se deslocaram na superfície terrestre. De qualquer forma, ele abriu o campo que recentemente foi tão bem coberto por Ellen Churchill Semple em sua obra *Influences of geographic environment* (1911).

Por meio de seus ensinamentos desconcertantes e céticos, os sofistas, que também viveram no século 50 a.C., estimularam as atividades intelectuais de Sócrates. A influência dos líderes sofistas, como Protágoras, Górgias, Cálicles e Trasímaco, trouxe à tona o problema de treinar os alunos para resolver questões cívicas em vez de questões científicas ou filosóficas. De acordo com Platão, Cálicles acreditava que o governo era um instrumento de exploração das massas. Trasímaco argumentou que a chamada justiça é o tipo de atividade que favorece o interesse dos membros mais fortes da sociedade e que o poder determina o que é chamado de direito. Epaminondas, o estadista tebano, personificou em sua carreira uma interpretação excepcionalmente elevada do conceito de patriotismo, talvez uma expressão mais altruísta de patriotismo do que a representada por qualquer outro porta-voz político dos Estados helênicos.

O argumento dos sofistas de que o que é melhor para o indivíduo é melhor para a sociedade despertou o antagonismo de Sócrates (469-399 a.C.), cujas ideias são relatadas por Platão e Xenofonte. Sócrates, filho de um escultor ateniense, afirmava que as qualidades de justiça, sabedoria, temperança e coragem, que fazem de uma pessoa um bom membro da sociedade e que aumentam o bem-estar social, são as mesmas qualidades que fazem de uma pessoa um bom indivíduo e garantem seu progresso individual. Sócrates passou muitos anos nos mercados, nas ruas onde as pessoas se reúnem e nos locais públicos estudando as ações dos indivíduos e conversando com eles sobre sua vida moral. Como resultado, Sócrates desenvolveu uma filosofia social significativa. O cerne dessa filosofia é encontrado nas afirmações de que a virtude é conhecimento, não no sentido de meros fatos memorizados, mas de um entendimento completo. Se uma pessoa entender completamente tanto as fases boas quanto as más de um ato proposto, ela saberá escolher o que é certo. Por exemplo, quando uma pessoa está completamente convencida dos efeitos nocivos de dentes ruins, ela contratará os serviços regulares de um dentista para manter seus dentes em boas condições. Quando perceber os efeitos nocivos da desonestidade, ele estabelecerá hábitos honestos. Pode-se concluir que a virtude social se baseia em conhecimento social.

Sócrates estava convencido de que algo estava fundamentalmente errado na sociedade ateniense. Em todo o território ele via que a ignorância levava ao vício. Somente nas atividades mecânicas e profissionais ele descobriu a ação correta, mas isso era precedido pelo conhecimento correto.

Um bom carpinteiro é um indivíduo que entende completamente de carpintaria; uma boa pessoa é um indivíduo que realmente conhece o valor das boas ações. Da mesma forma, pode-se dizer que um bom morador urbano é um indivíduo que aprecia profundamente o que significa ter uma cidade de pessoas que se desenvolvem mutuamente.

Sócrates desejava tornar todas as pessoas inteligentes. Seus ensinamentos levantaram esta questão social profundamente arraigada: "como a organização social pode se tornar altamente vantajosa para o indivíduo, e o indivíduo pode se tornar tão consciente dessas vantagens que sempre agirá socialmente?". Em razão de Sócrates não ter deixado escritos, é impossível explicar com certeza seus ensinamentos. Felizmente, ele deixou uma impressão permanente de sua personalidade na vida de seus colegas e, particularmente, em seu aluno capaz e brilhante, Platão.

No ditado fundamental de que a virtude é conhecimento, Sócrates está teoricamente correto, mas na prática ele ignora a influência avassaladora que muitas vezes é exercida pelos instintos e hábitos estabelecidos. Ele subestima o poder que é representado por um instinto profundamente arraigado ou por um hábito que existe há vários anos. Os instintos e quase todos os hábitos estão firmemente estabelecidos neurologicamente, ao passo que o conhecimento é geralmente novo para o indivíduo e apenas uma camada na superfície de sua vida. A aquisição de conhecimento não é garantia de que instintos com séculos de idade serão prontamente superados ou redirecionados.

Na criança pequena as tendências instintivas começam a se afirmar e a dar direção ao crescimento de seu caráter muito antes de sua mentalidade ter se desdobrado e se desenvolvido a ponto de ela ser capaz de compreender genuinamente o significado real de muitas formas de atividade e de muitas fases do conhecimento estarem totalmente além de sua capacidade de compreensão.

Pouco se sabe sobre a vida e o treinamento inicial de Platão. Os fatores mais influentes foram a vida e os ensinamentos de Sócrates. A forte personalidade socrática deixou sua marca indelével na vida de pensamento de Platão. Quando jovem, Platão se interessou muito pelas esferas social e cívica da vida ateniense. Quando ele tinha, talvez, vinte e três anos de idade, os autodenominados governantes "justos e bons" assumiram o controle de Atenas. O fracasso desses homens, que a história chama de trinta tiranos, em governar com sabedoria, produziu uma atitude de total repulsa na mente de Platão. Além disso, o assassinato legalizado de Sócrates pela democracia, restaurada em 399 a.C., despertou o amargo antagonismo de Platão em relação às formas de governo existentes. Nos anos que se seguiram à morte de Sócrates, o governo popular produziu condições sociais frouxas e licenciosas. Como consequência, Platão voltou-se para os domínios do mundo do pensamento a fim de encontrar uma sociedade perfeita. Como resultado de seu contato com a vida cotidiana e o governo, Platão desenvolveu em sua mente uma república ideal.

O princípio socrático de que a virtude é o conhecimento foi aceito por Platão. No pensamento de Platão, essa proposição levou à generalização de que a educação é a coisa mais importante do mundo. É sobre essa doutrina, mais do que sobre qualquer outra, que prosperou a influência de Platão no século XX.

Qual deve ser a natureza de uma educação que molda o mundo? Teoricamente, Platão dá a resposta em sua epistemologia. As ideias são as forças dominantes na vida. Contra o incerto e flutuante mundo dos sentidos, Platão estabeleceu um reino de ideias eternas e imutáveis. Um homem individual é simplesmente uma expressão efêmera do ser humano. Platão criou um conceito de realidade imutável que ele encontrou nas ideias. Somente elas são os elementos permanentes e valiosos que o ser humano deve procurar conhecer e entender.

Por causa de suas atitudes aristocráticas e de seu desgosto precoce com os experimentos democráticos de sua época, Platão afastou-se, em sua filosofia social, do estudo direto das pessoas, como o que havia atraído a atenção de Sócrates, para uma busca por uma sociedade justa no mundo das ideias. Essa linha de pensamento encontrou expressão principalmente na obra *República*, escrita durante a maturidade de Platão.

Uma discussão desses conceitos idealistas é encontrada em outra obra, *As leis*, bem como no diálogo platônico *Político*, esse último escrito na velhice desse filósofo, e representa uma reação parcial ao idealismo da *República*. Em função de sua consideração de quase todos os aspectos da vida social embasado em um ponto de vista específico, a *República* pode ser considerada o primeiro tratado de filosofia social. Embora fique abaixo dos escritos sociais dos hebreus em suas fases dinâmicas e práticas, ela os supera em sua unidade, profundidade e qualidade filosófica.

Quando Platão se afastou de uma carreira pública convidativa, embora extenuante, para uma vida privada de pensamento acadêmico, sua sociedade perfeita assumiu características que estavam longe de ser mundanas. Como Platão viveu em uma época de pequenos grupos políticos e em um país de tamanho limitado, ele limitou sua sociedade ideal a um grupo representado por cinco mil e quarenta chefes de família. Consequentemente, é impossível aplicar as ideias sociais de Platão com precisão a um centro metropolitano moderno de cinco milhões de pessoas ou a um Estado-nação de 100 milhões de pessoas. Várias fases do pensamento de Platão, no entanto, receberam uma orientação prática em sua obra intitulada *As leis*. Ao revelar a filosofia social de Platão, o diálogo *Político*, ou *Estadista*, ocupa o terceiro lugar.

Na sociedade ideal de Platão há uma hierarquia de posição, que inclui três classes de pessoas: os governantes, ou verdadeiros guardiões; os soldados, ou auxiliares; e os artesãos, ou trabalhadores industriais e agrícolas. Ao apresentar o estado ideal Platão usa indivíduos maduros. Pelas necessidades e por meio das atividades de pessoas plenamente desenvolvidas Platão constrói uma comunidade ideal.

Nenhum indivíduo é autossuficiente. Cada um tem sua tendência ou habilidade peculiar. Ao se unirem, todos lucrarão. Não há apenas classes especializadas, mas há especialização dentro dos grupos ocupacionais. Uma regra essencial para a construção de uma sociedade justa é que cada indivíduo encontre seu lugar na ordem social e cumpra sua função especial. Platão reconheceu a necessidade de correlacionar as diversidades da natureza e os diferentes tipos de ocupação.

As pessoas comuns estão envolvidas em ocupações fundamentais como artesãos qualificados. As vantagens de uma educação especial não estão disponíveis para elas. Elas recebem a educação comum, incluindo treinamento em ginástica e música. Mas, de acordo com a tendência aristocrática da filosofia social de Platão, é inútil tentar dar uma educação superior à grande proporção da população que é mentalmente incapaz de lucrar com a esse nível de escolarização. Apesar de a lógica ser boa, a premissa principal é falha nessa regra pedagógica.

A segunda classe, os soldados, deve manter a ordem, repelir invasores e conduzir as guerras territoriais. O crescimento da população criará uma demanda por mais território. Outros estados também precisarão de mais território, e a guerra se tornará inevitável. Platão admite francamente a base territorial das guerras. Ele não vê escapatória para esse fator, embora declare que a paz é melhor do que a guerra. Nos diálogos de Platão, *Timeu*, bem como em *Crítias*, ele retratou um estado de paz de uma civilização lendária, denominado "Atlântida".

A ocupação do soldado é uma arte que exige anos de treinamento. A principal característica física de um verdadeiro soldado é a coragem. O significado psicológico social de um regime militar é que os soldados estão continuamente incitando seu país a ir para a guerra. Esse regime cria inimigos contra si mesmo, muitos e poderosos, e resulta na ruína de um povo específico ou na escravização dos inimigos desse povo. Por outro lado, as classes não soldadas, em razão de preferirem levar uma vida pacífica e procurarem conduzir seus assuntos com calma, esforçam-se indevidamente para evitar a guerra. Aos poucos, elas se tornam antibélicas; seus filhos desenvolvem uma atitude semelhante. Por fim, eles se encontram à mercê de seus inimigos e são escravizados.

Entre os membros do Estado, haverá alguns indivíduos especialmente capazes, destinados por nascimento e reforçados por treinamento a serem governantes e verdadeiros guardiões do bem-estar de todos. Eles são amantes da sabedoria e da filosofia. A flacidez de caráter, a embriaguez e o egoísmo são impróprios para eles. A vida egoísta é condenada. Os guardiões são caracterizados, de acordo com Platão, pela maior ânsia de fazer o que é para o bem de seu país. Eles demonstram total repugnância a qualquer coisa que seja contrária aos melhores interesses do Estado.

Os guardiões, entretanto, governam aristocraticamente. Eles não perguntam aos cidadãos o tipo de lei que desejam que seja aprovada, da mesma forma que um médico não pergunta ao paciente o tipo de remédio que ele deseja. Na *República*, em *As leis*, bem como nos outros diálogos em que a natureza dos governantes e filósofos é discutida, os "melhores homens" de Platão demonstram indiferença pelas coisas terrenas ou materiais e buscam uniformemente a justiça, incluindo a justiça social.

Os candidatos à tutela recebem primeiro os elementos da educação. Aos vinte anos de idade, eles devem passar por uma educação geral para que possam continuar com um curso especial, incluindo Aritmética, Geometria e Astronomia. Aos trinta anos, são submetidos a um novo exame, após o qual os indivíduos bem-sucedidos dedicam cinco anos ao estudo da Filosofia. Aos trinta e cinco anos, entram na vida prática, ocupam cargos menores, equilibram seu treinamento teórico com estudos práticos e se submetem a diversas tentações. Eles se submetem a um exame de serviço público que se estende por um período de vários anos. No final, são submetidos a uma série de três testes. O primeiro teste é o da lógica, no qual eles devem argumentar com sucesso que compensa para um indivíduo, especialmente um guardião, servir à sociedade. O segundo teste é o do medo, em que eles são confrontados com perigos, por exemplo, os perigos para a vida, que assolam aqueles que se comprometem a governar sem favoritismo e sem comprometer seus princípios quando confrontados com as ambições e desejos de poderosos interesses egoístas. O terceiro teste é o do prazer, em que eles são submetidos a todos os prazeres que emocionam o coração do ser humano. Em outras palavras, eles devem demonstrar que o interesse maior do Estado deve ser o interesse dominante de suas vidas. Nem a dor nem as ameaças devem afetar sua lealdade. As tentações que vêm dos prazeres e encantamentos não devem perturbar seu autocontrole ou enfraquecer suas qualidades de guardião. Com base nesses requisitos, percebe-se que Platão previa um longo período de treinamento intensivo e extensivo para os governantes. Sua ideia variava muito da antiga teoria do direito divino dos reis e da prática atual de distribuir espólios políticos aos amigos.

Platão percebeu que os governantes, uma vez selecionados e instalados no cargo, seriam tentados a se tornar avarentos à custa do Estado. Em vez de se tornarem e permanecerem aliados de todos os cidadãos, eles estarão propensos a se tornarem tirânicos. Platão percebeu que seria difícil, depois que os bons governantes fossem selecionados, mantê-los no plano do bom governo. A fim de preservar sua virtude como guardiões e remover a poderosa tentação de ignorar a exploração que é feita pelos economicamente poderosos, Platão indicou alguns dispositivos de proteção. Os guardiões não poderão ter nenhuma propriedade privada, com pouquíssimas exceções. Eles não devem viver em casas particulares, mas devem morar e comer juntos. Eles receberão um salário fixo, suficiente para cobrir as despesas necessárias, mas não mais do que isso. Não lhes será permitido tocar em ouro e prata ou usar ornamentos de ouro e prata. Eles serão ensinados que são feitos de ouro e prata divinos e, portanto, não precisam da escória terrena. Eles não devem estar sujeitos à contaminação de nenhum contato terreno. Se os guardiões adquirissem terras, dinheiro ou casas próprias, não poderiam dedicar toda a sua atenção ao Estado e se tornariam não guardiões do bem-estar dos cidadãos, mas sim tiranos, conspirando e sendo conspirados. Em seu zeloso cuidado para que os governantes não se distraíssem da tarefa de proteger com atenção exclusiva os interesses do Estado, Platão defendeu a comunidade de esposas e filhos para os governantes.

Surgiu a pergunta: "O povo se contentará em aceitar a divisão da população em classes hierárquicas?". Em resposta, Platão sugeriu que o poder da opinião pública fosse utilizado e que todos os habitantes do Estado fossem ensinados que são irmãos, ou seja, filhos de sua Mãe Terra comum. Essa instrução servirá para manter as massas em uma atitude humilde. Além disso, eles devem ser informados de que diferentes metais foram usados pela Mãe Terra para criar diferentes indivíduos. As pessoas em cuja composição foi misturado ouro têm o poder de comando e podem se tornar governantes. Outros que são feitos de prata podem se tornar auxiliares ou soldados, ao passo que as massas, sendo feitas de bronze e ferro, estão destinadas a se tornarem artesãos.

É levantada a objeção de que as pessoas não acreditarão nessa "ficção audaciosa". A verdade da objeção é admitida, e uma solução para o problema é oferecida. Ensine às crianças a ficção do ouro, da prata, do latão e do ferro, e elas acreditarão nela. Quando atingirem a maturidade, contarão a seus filhos, que por sua vez a ensinarão. A posteridade, portanto, a aceitará. Dessa forma, Platão fundamentou sua filosofia social na educação. Platão deixou claro que qualquer tipo de teoria social ou econômica pode ser imposta a um povo inteiro por meio da utilização de processos educacionais. Alguns poucos exploradores egoístas, ao controlar o sistema educacional, podem arruinar uma nação em uma geração.

Os tutores são instruídos a examinar as crianças a fim de descobrir de que metais elas são feitas. Platão admitiu uma democracia do talento no sentido de que o talento provavelmente aparecerá nos filhos de pais de bronze e ferro, ao passo que os pais de ouro podem gerar filhos de bronze e ferro. Se uma criança de ouro for encontrada entre os filhos dos artesãos, ela deve ser incentivada e treinada para se tornar um guardião. Se uma criança de bronze e ferro for encontrada entre os filhos dos pais de ouro, ela deverá descer na escala social e ser treinada para a criação de animais ou para o artesanato. Platão previu o fato, agora cientificamente estabelecido, de que os gênios nascem indiscriminadamente em todas as classes da sociedade, da mais alta à mais baixa. É tão provável que nasçam em um casebre ou cortiço superlotado quanto em um palácio espaçoso e luxuoso. Consequentemente, a sociedade deve procurar o gênio em potencial e dar a ele oportunidades proporcionais às suas possibilidades, e não permitir que sua centelha dinâmica e divina seja apagada em uma atmosfera pesada de cortiço.

Além disso, de acordo com Platão, os guardiões devem procurar as crianças imperfeitas e tirá-las do caminho o mais facilmente possível e sem atrair a atenção do público. Se os capazes precisarem dedicar suas energias para cuidar de crianças imperfeitas, presumivelmente estarão desperdiçando sua capacidade e serão impedidos de se dedicar à construção do Estado. Essa doutrina negligencia a consideração da atitude dura e antipática que ela geraria. Embora rigorosamente eugênica, a doutrina é antidemocrática, não cavalheiresca e não cristã. Ela é totalmente aristocrática.

Os guardiões devem supervisionar o casamento. Platão lamenta especialmente o fato de que quase todas as pessoas escolhem seus parceiros de vida no casamento sem levar em conta o tipo de filhos que serão gerados. O relacionamento matrimonial não deve ser primordialmente um assunto individual, mas sim governado pelo pensamento nas crianças que ainda não nasceram e pela devida consideração ao bem-estar do Estado e da sociedade. O verdadeiro propósito do casamento não se encontra na riqueza, no poder ou na posição, mas na procriação de filhos saudáveis. O casamento é sagrado no mais alto grau porque é socialmente necessário. Platão deplora os casamentos de classe, ou seja, o casamento entre grupos de temperamento semelhante. As pessoas de natureza gentil procuram pessoas de natureza gentil, e os corajosos procuram os corajosos. Seria melhor se os gentis buscassem os corajosos no casamento, e vice-versa. O casamento é sagrado e, portanto, deve ser submetido a rigorosas salvaguardas eugênicas.

Os guardiões devem evitar os extremos de pobreza e riqueza. Com uma sabedoria social perspicaz, Platão ressalta que a pobreza é a origem da maldade e da crueldade, e que a riqueza leva ao luxo e à indolência. Ambas resultam em descontentamento e causam a deterioração das artes. Uma pessoa pobre não pode se equipar ou treinar adequadamente, nem se dedicar ao seu trabalho com afinco, e uma pessoa rica se tornará descuidada e deixará de agir com diligência quando passar a possuir riqueza ilimitada.

Na aquisição de riqueza, as leis da imitação funcionam poderosamente. Uma pessoa acumula propriedades, e outras são imediatamente estimuladas a fazer o mesmo. Em consequência, todos os cidadãos podem se tornar amantes do dinheiro. Mas um público que ama o dinheiro seria desastroso para o Estado.

Quanto maior a quantidade de riqueza que um indivíduo acumula, mais ele desejará acumular. O ímpeto do desejo de obter dinheiro é socialmente destrutivo. Quanto mais o indivíduo é hipnotizado pela ilusão da obtenção de riqueza, menos atenção ele dá à manutenção da virtude. Quando o desejo de virtude estiver em competição com o desejo de riqueza, o primeiro diminuirá à medida que o segundo aumentar.

Se o Estado for estabelecido com base na propriedade, os ricos exercerão o poder e os pobres serão privados dele. Em tempos normais, os ricos são tão indiferentes ao bem-estar dos pobres quanto ao desenvolvimento da virtude, mas em tempos de crises de grupo eles não desprezarão os pobres. Nos dias de prosperidade e paz, uma pessoa pobre fica na última posição, mas quando a guerra chega, "o pobre magro e queimado de Sol" é colocado na batalha ao lado do rico – e a social-democracia prevalece. Mas, na batalha, o pobre luta mais e melhor do que o rico, "que nunca estragou sua pele e tem muita carne supérflua". Com as palavras do homem pobre, Platão chega à surpreendente conclusão de que muitas pessoas são ricas porque ninguém teve a coragem de as despojar. Nesse ponto, Platão deu uma explicação surpreendente para o surgimento do socialismo, do sindicalismo e do radicalismo econômico.

De acordo com Platão, quando você vê pobres, pode concluir com segurança que em algum lugar também estão presentes ladrões, assaltantes de templos e malfeitores. As causas do pauperismo são as seguintes: (1) a falta de educação adequada; (2) o mau treinamento; e (3) leis sociais injustas e uma constituição injusta do Estado.

Platão sugeriu dois instrumentos para evitar riqueza e pobreza extremas: legislação e educação. A cada indivíduo deve ser garantida uma quantidade mínima de propriedades. Ele pode adquirir até quatro vezes esse valor, mas, acima do máximo, será cobrado um imposto de cem por cento sobre o excesso. Platão planejou uma forma de comunismo, não primordialmente para garantir o bem-estar material do Estado, mas para proteger os governantes de cair em tentações egoístas. Platão também queria proteger o Estado de se dividir por causa das distrações que surgem das controvérsias entre trabalho e capital. Por meios educacionais é que as crianças devem ser treinadas para ficarem satisfeitas com as necessidades da vida – pelo menos algumas crianças devem ser treinadas dessa forma. Os pais devem legar a seus filhos não riquezas, mas o espírito de reverência.

Os guardiões devem ser censores. Eles devem estabelecer uma censura sobre as artes a fim de proteger as crianças de verem imagens indecentes e ouvirem sons vulgares. As obras de ficção devem ser censuradas a fim de evitar que as crianças leiam e adotem ideias ruins. Os artistas criativos devem ser impedidos de exibir formas de vício e intemperança, para que os futuros tutores não cresçam em uma atmosfera contaminada por imagens de deformidade moral, e para que todas as crianças possam se desenvolver em um ambiente de visões justas e possam receber, sem impedimentos e sem barreiras, o bem em tudo.

Os guardiões devem proteger os costumes. Quando Platão descreveu um estado perfeito, qualquer mudança nos costumes estabelecidos significaria retrocesso. Por isso, os governantes devem proteger zelosamente os costumes, não permitindo inovações insidiosas. Além disso, se for permitido que qualquer mudança ocorra em pequenas coisas, pode ser impossível deter o espírito de mudança.

Platão baseou seu argumento para uma sociedade ideal na educação de líderes sábios. Seu julgamento é melhor do que o governo por lei. A lei é muito rígida e inflexível. Em vista do caráter mutável das condições humanas, reconhecido por Platão, nenhuma lei final ou absoluta pode ser estabelecida. A principal vantagem das leis, no entanto, não é o fato de tornarem os seres humanos honestos, mas o fato de fazerem que as pessoas ajam de maneira uniforme e, portanto, socialmente confiável. As leis devem ser respeitadas porque representam os frutos maduros de uma longa experiência.

As leis dão bastante atenção à criminologia. Em vista da santidade do costume e da necessidade da lei, a obediência é uma virtude social muito importante. Em teoria, Platão é moderno e científico, pois defendia a punição não como uma medida vingativa, mas preventiva e reformatória. A reforma é o verdadeiro objetivo da punição. Na prática, Platão é rígido e severo. Por exemplo, os mendigos devem simplesmente ser mandados para fora da cidade e do país. A pena de morte é utilizada livremente.

Platão abriu todas as ocupações tanto para mulheres quanto para homens, até mesmo a mais elevada, a de governante. A única diferença entre os gêneros que precisa ser reconhecida no que diz respeito às ocupações é que os homens são mais fortes fisicamente do que as mulheres. As mulheres, assim como os homens, variam em seu temperamento ocupacional. Um indivíduo é adequado para um tipo de vocação, ao passo que outro, para outro tipo de trabalho.

Embora se reconheça a importância fundamental de ter filhos, Platão observou que não é necessário que uma mulher dedique toda a sua vida à criação de filhos. Todas as mulheres devem ter oportunidades para o desenvolvimento de suas personalidades. As mulheres que têm talento especial para o serviço público devem se dedicar a ele. Embora seja um conservador social, Platão admite uma inovação na república ideal – o sufrágio universal feminino.

Como as mulheres têm os mesmos deveres que os homens, elas recebem as mesmas oportunidades de treinamento. As mulheres devem participar das dificuldades da guerra e da defesa de seu país. As mulheres são sacerdotisas, participam de comitês para a regulamentação do casamento e para decidir casos de divórcio.

Embora Platão fosse avesso a mudanças, ele defendia um tipo dinâmico de educação. Esse sistema educacional, entretanto, deve ser definitivamente controlado pelos guardiões. Ele também é paternalista. A educação comum deve ser de dois tipos: ginástica, para o corpo; música, para a alma. O treinamento em educação física produzirá um temperamento duro, e a música levará à gentileza. O extremo de um é a ferocidade e a brutalidade; o extremo do outro é a suavidade e a efeminação. Quando juntos, eles produzem uma personalidade bem ordenada. Um sustenta e torna ousada a razão, o segundo modera e civiliza a suavidade da paixão. Os exercícios de ginástica proporcionam o cuidado e o treinamento do corpo durante a infância e a juventude para que, na maturidade, o corpo possa servir melhor à alma. A música, inclusive a literatura, treina por meio da influência de suas qualidades de harmonia e ritmo. Por exemplo, por meio de exercícios de harmonia, a criança desenvolve um temperamento harmonioso.

A educação não é um processo de aquisição, mas de desenvolvimento dos poderes do indivíduo. É um processo que dura a vida inteira. Começa com o nascimento e continua até a morte. No entanto, ele se torna mais lento à medida que o indivíduo envelhece. Uma pessoa idosa não pode aprender muito, assim como não pode correr muito. A educação nos primeiros anos de vida é a mais importante. Se a criança for educada, seu futuro também será determinado. A criança deve ser ensinada desde cedo a respeitar seus pais. Deve-se dar muito cuidado aos primeiros anos de vida. Dos três aos seis anos de idade, as crianças na república de Platão ficam sob a supervisão de matronas e enfermeiras escolhidas.

A educação deve ser universal, mas não obrigatória, ou seja, todos devem ser ensinados, mas não obrigados a aprender. A educação deve se tornar atraente, quase uma forma de governo. As leis da imitação devem ser utilizadas. O tutor deve colocar em prática seus ensinamentos.

Um indivíduo bem treinado é uma réplica de uma sociedade justa. Platão estabelece um paralelismo, que é impreciso, entre as três classes da sociedade e as três características do indivíduo. Os governantes, os soldados e os artesãos são comparados, respectivamente, à razão, ao espírito e às paixões do indivíduo. As paixões devem ser subordinadas ao espírito, e ambos devem ser controlados pela razão. O resultado será um indivíduo justo. Na sociedade, uma relação hierárquica semelhante deve ser mantida entre os governantes, soldados e artesãos. O objetivo fundamental da educação deve ser o de assegurar uma mudança nas atitudes das pessoas. Essas mudanças são mais importantes do que as modificações em questões externas. Assim, de acordo com Platão, os fundamentos divinos de um Estado são estabelecidos na educação.

A religião desempenha um papel fundamental na república ideal. Platão sustentava que a crença em Deus superava em importância a doutrina de que o poder é certo. A impiedade mina a força do reino social. Deus criou o indivíduo para o todo, mas não o todo para o indivíduo. A adoração a Deus é necessária para o indivíduo, a fim de impedi-lo de voltar ao egoísmo e de tornar suas crenças humanitárias fenômenos puramente egoístas.

Como Platão delineou no início uma república perfeita, qualquer mudança provavelmente constituiria uma deterioração. Mas mesmo um Estado ideal não está imune à entrada de ideias destrutivas. As pessoas sábias, os governantes, não são à prova das tentações do poder absoluto. Para remover os estímulos do interesse próprio nas mentes dos guardiões, Platão planejou uma ordem comunista. No entanto, ele ignorou as fraquezas do comunismo, mas elas foram apontadas posteriormente por Aristóteles.

Apesar das excelentes salvaguardas, a sabedoria dos melhores governantes ocasionalmente falhará. Mais cedo ou mais tarde, eles errarão. Ao examinar os jovens, eles permitirão que jovens guerreiros sejam treinados para a classe dos guardiões. Com seu espírito de contenda e de ambição por honra, esses guardiões que não são naturalmente esperados do lugar em que estão iniciarão o Estado perfeito em um caminho descendente. Quando os governantes buscarem poder pessoal e honra, a república ideal será substituída por um governo daqueles que detêm a riqueza, a chamada plutocracia.

Em uma plutocracia o governante com a maior riqueza privada possuirá o maior poder pessoal e receberá a maior honra. Além disso, outras pessoas serão estimuladas a adquirir riqueza e poder, ao passo que as massas perderão quase tudo. O resultado é uma oligarquia na qual os ricos são honrados e se tornam governantes. Os pobres são tratados com desonra e privados de posição.

Em um estado oligárquico como esse, há uma divisão fundamental, pois há dois Estados, em vez de um. Em espírito, os ricos e os pobres constituem Estados separados. Eles vivem no mesmo território, mas estão conspirando uns contra os outros. A estabilidade social é destruída pelos conflitos entre os extremos da riqueza incontável e da pobreza absoluta. Os sem propriedade odeiam e conspiram contra os com propriedade. Segue-se a guerra civil. Como os ricos caem no descuido e na extravagância, e como os pobres possuem números superiores, os pobres serão os vencedores. Surge uma democracia – o governo do *Demos*. Todos governam.

Mas a população não está preparada para governar. Ela não tem experiência. Como as pessoas controladas são numerosas entre as massas, elas administram quase tudo em uma democracia. O excesso de liberdade entre pessoas não treinadas para a liberdade leva à anarquia. Os indivíduos se apresentam como amigos especiais das pessoas comuns. Esses amigos autonomeados do povo se revelarão tiranos egoístas e, assim, a democracia se transformará em uma tirania – o Estado mais baixo de todos na devolução quíntupla de Platão.

Com a desconfiança das massas e com um governo paternalista, Platão associou a crença de que o indivíduo deve participar da vida da sociedade. A justiça social não consiste em fazer o bem aos amigos e o mal aos inimigos, ou em atender aos interesses dos mais poderosos. A teoria de que o poder está certo é repudiada. Uma sociedade justa é aquela em que cada pessoa encontrou seu lugar de maior utilidade para o Estado e cumpre todas as suas obrigações nesse lugar. De modo geral, Platão demonstrou uma fé apaixonada na ordem moral e social.

Platão acreditava que as ideias são reais e que elas são as ferramentas com as quais o mundo é construído. Ele percebeu formas perfeitas, uma forma social perfeita. Por meio do controle intelectual Platão planejou uma nova ordem social.

PLATÃO[5]

Pouco depois do início da guerra do Peloponeso, Platão nasceu, provavelmente em 427. Durante os oitenta anos de sua vida, viajou para a Sicília pelo menos duas vezes, fundou a Academia de Atenas e viu o início do fim da liberdade grega. Ele representa o espírito reflexivo em uma nação que parece aparecer quando seu desenvolvimento está bem avançado. Após a loucura de uma longa guerra, os atenienses, despojados de seu império por um tempo, buscaram uma nova saída para suas energias inquietas e começaram a conquistar um reino mais permanente, o da especulação científica sobre as faculdades mais elevadas da mente humana.

A morte de Sócrates, em 399, revoltou Platão. A democracia aparentemente parecia a ele tão intolerante quanto qualquer outra forma de credo político. Seus escritos são, de certa forma, uma reivindicação da honestidade de seu mestre, embora o retrato que ele faz dele não seja tão fiel à vida quanto o de Xenofonte. Os diálogos se dividem em duas classes bem marcadas. Nos primeiros, o método e a inspiração são definitivamente socráticos, mas nos últimos, Sócrates é um mero cabide no qual Platão pendurou seu sistema. Em si, a forma do diálogo não era algo novo. Platão a adotou e a transformou em algo vivo e dramático, sendo seu estilo o exemplo mais acabado de prosa exaltada na literatura grega. A ordem em que os diálogos foram escritos é um problema espinhoso, e há boas razões para acreditar que Platão revisou constantemente alguns deles, removendo as inconsistências que eram inevitáveis quando ele sentia o caminho para a forma final que suas especulações assumiram.

---

5   Trecho da obra *Authors of Greece*, de autoria do reverendo Thomas Wallace Lumb, considerada por acadêmicos e estudiosos de grande importância e valor para a literatura. Traduzido por: Murilo Oliveira de Castro Coelho. As traduções utilizadas pelo autor são: a versão em quatro volumes de Jowett (Oxford) é o padrão. Ela contém boas introduções. A *República* foi traduzida por Davies e Vaughan. Foram publicados dois volumes na Loeb Series. É necessário um novo método de tradução de Platão. O texto deve ser claramente dividido em seções; as etapas do argumento devem ser indicadas em um esboço. Até que isso seja feito, é provável que o estudo de Platão cause muita perplexidade. *Platão e o platonismo*, de Pater, ainda é a melhor interpretação de todo o sistema.

Talvez seja melhor apresentar um esboço de uma série que exiba alguma ordem regular de pensamento.

Às vezes, pensam que a filosofia não tem relação direta com questões práticas. Uma análise do diálogo *Crítias* pode dissipar essa ilusão. Nele, Sócrates se recusa a ser tentado por seu jovem amigo Crítias, que se oferece para garantir sua fuga da prisão e lhe proporcionar um lar entre os próprios amigos. A questão é se devemos seguir as opiniões da maioria em questões de justiça ou injustiça, ou as do único homem que tem conhecimento especializado, e da verdade. As leis de Atenas colocaram Sócrates na prisão. Elas diriam:

> Com esse ato, você pretende perpetrar seu propósito de nos destruir e à cidade, e a cidade, tanto quanto um homem pode fazer. Pode alguma cidade sobreviver, e não ser derrubada, na qual as decisões legais não têm força, mas são tornadas nulas por pessoas privadas e destruídas?

Em sua longa residência de setenta anos, Sócrates havia declarado sua satisfação com o sistema jurídico ateniense. As leis lhe permitiram viver em segurança. Além disso, ele poderia ter tirado proveito da proteção legal em seu julgamento e, se estivesse insatisfeito, poderia ter ido embora para outra cidade. Que tipo de figura ele faria se fugisse? Para onde quer que fosse, seria considerado um destruidor da lei, e sua prática desmentiria seu credo. Finalmente, as leis dizem que:

> Se você quiser viver em desgraça, depois de voltar atrás em seu contrato e acordo conosco, ficaremos com raiva de você enquanto estiver vivo e, na morte, nossos irmãos as leis lhe darão boas-vindas frias, porque eles saberão que você fez o melhor que pôde para destruir nossa autoridade.

Ensinamentos sólidos e concretos como esse são sempre necessários, mas dificilmente serão populares. A doutrina da desobediência é pregada em toda parte em uma democracia. A violação de contratos é uma prática normal e sabe-se que os infratores da lei são recepcionados publicamente pelos próprios membros de nosso corpo legislativo.

Uma lição diferente é encontrada em *Eutífron*. Depois de desejar a Sócrates sucesso em seu próximo julgamento, Eutífron o informa que vai processar seu pai por homicídio culposo, assegurando-lhe que seria piedade fazer isso. Sócrates pede uma definição de piedade. Eutífron tenta cinco: "agir como Zeus agiu com seu pai"; "o que os deuses amam"; "o que todos os deuses amam"; "uma parte da justiça, relacionada ao cuidado dos deuses"; "dizer e fazer o que os deuses aprovam na oração e no sacrifício". Cada uma delas se mostra inadequada, e Eutífron reclama do desconcertante método socrático da seguinte forma:

> Bem, eu não sei como expressar meus pensamentos. Cada uma de nossas sugestões sempre parecem ter pernas, recusando-se a ficar paradas onde as possamos fixar. Nem eu coloquei nelas esse espírito de movimento e mudança, mas você, um segundo Dédalo.

É perceptível que nenhum resultado definitivo resulta desse diálogo. Platão estava em seu direito ao se recusar a responder à pergunta principal. A filosofia não tem a pretensão de resolver todas as questões, seu negócio é fazer que uma questão seja levantada. Mesmo quando uma resposta está disponível, ela nem sempre pode ser dada, pois exige um abandono total de todas as possessões daqueles com quem fala – caso contrário, não haverá passagem livre para seus ensinamentos. Embora refutado, Eutífron ainda manteve suas primeiras opiniões, pois suas primeira e última definições são semelhantes em termos de ideia. Para essa pessoa, o argumento é mera perda de tempo.

Uma ilustração admirável da leveza do toque de Platão é encontrada no *Laques*. Esse diálogo começa com uma discussão sobre a educação dos jovens filhos de Lisímaco e Melésias. Logo é levantada esta questão: "O que é coragem?". Nicias adverte Laques sobre Sócrates, e esse último tem o truque de fazer os homens reverem suas vidas. Sua prática é boa, pois ensina aos homens suas falhas a tempo, a velhice nem sempre traz sabedoria automaticamente. *Laques* primeiro define coragem como a faculdade que faz que os homens mantenham as fileiras na guerra, e quando isso se mostra inadequado, ele a define como firmeza de espírito. Nicias é chamado, e ele a define como "conhecimento dos terrores e confiança na guerra", sendo logo obrigado a acrescentar "e conhecimento de todo bem e mal em todas as formas" – em suma, coragem é toda a virtude combinada. O diálogo conclui que não são os meninos, mas os homens adultos de todas as idades que precisam de uma educação cuidadosa. Essa pequena peça espirituosa é cheia de vigor dramático – os comentários de Laques e Nicias um sobre o outro, à medida que são repetidamente refutados, são muito humanos e divertidos.

A crítica literária é o tema do *Ion*. Vindo de Éfeso, Ion afirmava ser o melhor recitador profissional de Homero em toda a Grécia. Reconhecendo que Homero o deixou todo inflamado, ao passo que outros poetas o deixaram frio, ele é obrigado a admitir que seu conhecimento de poesia não é científico; caso contrário, ele teria sido capaz de discutir toda a poesia, pois ela é uma só. Sócrates faz então a famosa comparação entre um poeta e um ímã: ambos atraem uma corrente interminável e ambos contêm algum poder divino que os domina. Êxtase, entusiasmo e loucura são as melhores descrições do poder poético. Mesmo sendo um recitador profissional, Ion admite a necessidade do poder de trabalhar sobre os homens.

> Quando estou na plataforma, vejo meu público chorando e com cara de guerra e atordoado com minhas palavras. Preciso prestar atenção a eles. Se eu os deixar sentados chorando, eu mesmo rirei quando receber meus honorários, mas se eles rirem, eu mesmo chorarei quando não receber nada.

Homero é o tema do *Hípias menor*. Em Olímpia, Hípias disse certa vez que tudo o que estava vestindo era obra sua. Ele era uma pessoa muito inventiva – um de seus triunfos era a arte da memória. Nesse diálogo, ele prefere a *Ilíada* à *Odisseia* porque Aquiles foi chamado de "excelente" e Odisseu de "versátil". Sócrates logo prova a ele que Aquiles também era falso, pois nem sempre cumpria sua palavra. Ele lembra a Hípias que nunca perde tempo com os acéfalos, embora ouça atentamente a todas as pessoas. De fato, seu interrogatório é um elogio. Ele nunca acha que o conhecimento que adquire é sua descoberta, mas é grato a qualquer um que possa lhe ensinar. Ele acredita que os enganadores involuntários são mais culpados do que os trapaceiros deliberados. Hípias acha impossível concordar com ele, ao que Sócrates diz que as coisas estão sempre confundindo-o com sua mutabilidade; é perdoável que homens iletrados como ele errem, pois, quando pessoas realmente sábias como Hípias vagueiam no pensamento, é monstruoso que sejam incapazes de resolver as dúvidas de todos que apelam a elas.

Cármides, o jovem rapaz que dá nome ao diálogo, era primo e pupilo de Crítias, o infame líder dos trinta tiranos. Ao ser apresentado a ele, Sócrates inicia a discussão: "O que é autocontrole?". O rapaz faz três tentativas de responder, mas vendo sua confusão, Crítias intervém, "irritado com o rapaz, como um poeta irritado com um ator que assassinou seus poemas". Ele não é mais bem-sucedido, pois suas três definições se revelaram insuficientes.

> Como os homens que, vendo os outros bocejarem, bocejam eles mesmos, ele também estava perplexo. Mas, como tinha grande reputação, foi envergonhado diante do público e se recusou a admitir sua incapacidade de definir a palavra.

O diálogo não dá uma resposta definitiva à discussão. É um texto vívido. O contraste entre o jovem e o primo mais velho, cujas frases de estimação ele copia, é muito marcante.

No *Lísias* os personagens e a conclusão são semelhantes. Lísias é um jovem admirado por Hipólito. A primeira parte do diálogo consiste em uma conversa entre Lísias e Sócrates, em que esse último recomenda ao admirador que evite conversas tolas. Com a entrada do amigo de Lísias, Menêxeno, Sócrates inicia a pergunta "O que é amizade?". Parece que a amizade não pode existir entre duas pessoas boas ou duas más, mas apenas entre um ser humano bom e um que não é bom nem ruim, exatamente como o filósofo não é sábio nem ignorante, mas ama o conhecimento. Ainda assim, isso não é satisfatório e, chegando a uma conclusão, Sócrates termina com esta observação característica: "Eles pensam que são amigos, mas não sabem dizer o que é amizade". Esse diálogo foi lido cuidadosamente por Aristóteles antes de ele fazer sua famosa descrição na *Ética*: "Um amigo é um segundo eu". Talvez Sócrates tenha evitado uma resposta definitiva porque não queria ser muito sério com essas crianças ensolaradas.

O *Eutidemo* é um estudo divertido sobre o perigo que se segue ao uso de instrumentos perspicazes por pessoas inescrupulosas. Eutidemo e seu irmão Dionisodoro são dois sofistas de profissão para os quais as palavras não significam absolutamente nada. Para eles, a verdade e a falsidade são idênticas, sendo a contradição uma impossibilidade. Como a linguagem não tem sentido, o próprio Sócrates é rapidamente reduzido à impotência, recuperando-se com dificuldade. Platão estava, sem dúvida, satirizando o mau uso da nova filosofia que estava se tornando tão popular entre os jovens. Quando nada significa nada, o riso é a única linguagem humana que resta. O *Crátilo* é uma diversão concebida de forma semelhante. A maior parte desse diálogo é ocupada com derivações fantasiosas e discussões linguísticas de todos os tipos. É difícil dizer até a que ponto Platão está falando sério. Talvez as proezas de Eutidemo em despojar as palavras de todo o significado o tenham instigado a algum trabalho construtivo, pois o sistema de Platão é essencialmente destrutivo primeiro, depois construtivo. De qualquer forma, ele insiste na necessidade de determinar o significado de uma palavra por meio de sua derivação e ressalta que uma língua é a posse de todo um povo.

No *Protágoras*, Sócrates, quando jovem, é representado encontrando um amigo, Hipócrates, que estava a caminho de Protágoras, um sofista de Abdera que acabara de chegar a Atenas. Em primeiro lugar, Sócrates mostra que seu amigo não tem ideia da gravidade de sua ação ao pedir instrução a um sofista cuja definição ele não é capaz de dar.

> Se seu corpo estivesse em estado crítico, você teria pedido o conselho de seus amigos e deliberado por muitos dias antes de escolher seu médico. Mas quanto à sua mente, da qual depende seu bem ou seu mal, conforme seja bom ou mau, você nunca pediu conselho de seu pai ou amigo se deveria se dirigir a esse estranho recém-chegado. Ao saber ontem à noite que ele estava aqui. Hoje, você vai até ele, pronto para gastar seu dinheiro e o de seus amigos, convencido de que deve se tornar discípulo de um homem que não conhece nem conversou com ele.

Eles seguem para a casa de Calíades, onde encontram Protágoras cercado por estranhos de todas as cidades que ouviam sua voz encantados.

Protágoras prontamente promete que Hipócrates aprenderia seu sistema, que oferece "bons conselhos sobre seus assuntos particulares e poder para tratar e discutir assuntos políticos". A crença de Sócrates de que a política não pode ser ensinada provoca um dos longos discursos aos quais Platão se opôs veementemente, porque uma falácia fundamental não poderia ser refutada no início, prejudicando todo o argumento subsequente. Protágoras contou um mito, provando que a vergonha e a justiça foram dadas a todos os homens, e que essas são as bases da política. Além disso, as cidades punem os criminosos, o que significa que os homens podem aprender política, ao passo que a virtude é ensinada pelos pais, tutores e pelo Estado. Sócrates pergunta se a virtude é uma ou muitas. Protágoras responde que há cinco virtudes principais, todas distintas: conhecimento; justiça; coragem; temperança; e piedade. Um discurso longo e desconexo Sócrates protestar, uma vez que seu método é curto, composto de perguntas e respostas. Usando um raciocínio bastante questionável, ele prova que todas essas cinco virtudes são idênticas. Assim, se a virtude é uma só, ela pode ser ensinada, não por um sofista ou pelo Estado, mas por um filósofo, pois virtude é conhecimento.

Essa conclusão está totalmente em harmonia com o sistema de Sócrates. No entanto, ela provavelmente é falsa. A virtude não é mero conhecimento, tampouco o vício é ignorância. Se fossem, seriam qualidades intelectuais. São atributos morais, já que a experiência logo prova que muitas pessoas esclarecidas são perversas e muitas pessoas ignorantes são virtuosas. O valor desse diálogo é sua insistência na unidade da virtude. Uma pessoa boa não é um conjunto de excelências separadas, mas sim um todo. Ao possuir uma virtude, o ser humano potencialmente possui todas elas.

O *Górgias* é uma refutação de três noções distintas e populares. Górgias de Leontini costumava convidar jovens para lhe fazer perguntas, mas nenhum deles jamais lhe fez uma pergunta absolutamente nova. Logo se vê que ele é completamente incapaz de definir a retórica, a arte pela qual ele vivia. Sócrates disse que era um ministro da persuasão, que em longo prazo se preocupava com a mera opinião, que poderia ser verdadeira ou falsa, e não poderia reivindicar conhecimento científico.

Além disso, implicava alguma moralidade em seus devotos, pois tratava do que era justo ou injusto. Polus, um jovem e ardente sofista, foi obrigado a concordar com duas doutrinas muito famosas: primeiro, que é pior fazer o mal do que experimentá-lo; segundo, que evitar a punição era a pior coisa para um infrator. Mas restou um adversário mais formidável, um tal de Cálicles, personagem no diálogo platónico *Górgias*, talvez a figura mais desavergonhada e inescrupulosa da obra de Platão. Seu credo é uma negação absoluta de toda autoridade, moral ou intelectual. Ele ensina que a lei não é natural, mas convencional; que somente um escravo tolera um erro e que somente homens fracos buscam proteção legal. A filosofia é adequada apenas para os jovens, pois os filósofos não são homens do mundo. A vida natural é a autoindulgência ilimitada e a opinião pública é a criação daqueles que são pobres demais para dar vazão a seus apetites. Afirma ainda que o bem é o prazer e a autossatisfação infinita é o ideal. Em resposta, Sócrates aponta a diferença entre os tipos de prazeres, insiste na importância do conhecimento científico de tudo e prova que a ordem é necessária em todos os lugares – seus efeitos visíveis na alma são a justiça e a sabedoria, e não o motim. Para evitar a injustiça é necessária alguma arte para tornar o súdito o mais parecido possível com o governante. O tipo de vida que um homem leva é muito mais importante do que a duração dos dias. O demagogo que, como Cálicles, não tem credenciais, torna as pessoas moralmente piores, especialmente porque elas são incapazes de distinguir os charlatães dos sábios. Os filósofos também não precisam se preocupar muito com as opiniões das pessoas, pois uma multidão sempre culpa o médico que deseja salvá-la. Segue-se uma deliciosa peça de ironia, na qual Sócrates zomba de Cálicles por acusar seus alunos de agirem com injustiça, a mesma qualidade que ele incute neles. Cálicles, embora refutado, aconselha Sócrates a bajular a cidade, pois ele certamente será condenado mais cedo ou mais tarde. No entanto, esse último não teme a morte depois de viver em retidão.

A maioria das pessoas tem defendido doutrinas semelhantes às que foram refutadas aqui. Há uma ideia no exterior de que o que é "natural" deve ser intrinsecamente bom, ou divino. Mas está bem claro que "natureza" é um termo vago que significa pouco ou nada – é superior ou inferior e natural em ambas as formas. Aqueles que desejam saber até que ponto a crença na sacralidade da "natureza" pode levar os seres humanos podem fazer pior do que ler o *Górgias*.

O poder dramático e a fertilidade de invenção de Platão são totalmente exibidos no *Simpósio*, ou *Banquete*. Agatão ganhou o prêmio trágico e convidou muitos amigos para uma festa regada a vinho. Após uma ligeira introdução, foi feita uma proposta para que todos falassem em louvor ao amor. Primeiro, um jovem, Fedro, descreve a antiguidade do amor e dá exemplos de ligações entre os sexos. Pausânias faz a famosa distinção entre a Afrodite celestial e a Afrodite vulgar, em que o verdadeiro teste do amor é sua permanência. Um médico, Erixímaco, eleva ainda mais o tom da discussão. Para ele, o amor é a base da medicina, da música, da astronomia e do augúrio. Aristófanes conta uma fábula sobre os sexos no verdadeiro estilo cômico, fazendo que cada um deles corra em busca de sua outra metade. Agatão colore seu relato com um toque de dicção trágica. Por fim, é a vez de Sócrates. Ele conta o que ouviu de uma sacerdotisa chamada Diotima. O amor é o filho da plenitude e da necessidade, uma vez que ele é o intermediário entre os deuses e os homens, é ativo, não passivo, o desejo de posse contínua de coisas excelentes e da bela criação, o que significa imortalidade, pois todos os seres humanos desejam fama perpétua, que só pode vir por meio da ciência do belo. Na contemplação e na união mística com o divino, a alma encontra seu verdadeiro destino, satisfazendo-se no amor perfeito.

Nesse momento, Alcibíades chega de outro banquete em um estado de grande intoxicação. Ele faz um relato maravilhoso da influência de Sócrates sobre ele e o compara, em uma passagem famosa, a uma pequena estátua feia que, quando aberta, é toda de ouro por dentro. No final do diálogo, um dos membros da companhia conta como Sócrates obrigou Aristófanes e Agatão a admitirem que era tarefa do mesmo homem entender e escrever tanto tragédia quanto comédia – uma doutrina que só foi praticada no drama moderno.

No diálogo *Banquete* parece que captamos pela primeira vez a voz do próprio Platão, diferente da voz de Sócrates. Esse último, sem dúvida, estava mais interessado no processo mais humano de questionar e refutar, sendo seu objetivo a criação artesanal de definições exatas. Mas Platão era de um molde diferente. O dele era o espírito elevado que sentia que seu verdadeiro lar era o mundo suprassensível da beleza divina, da imortalidade, da verdade absoluta e da existência. Começando com a concepção carnal do amor, natural a um jovem, ele nos conduz passo a passo à grande conclusão de que o amor nada mais é do que uma identificação do eu com a coisa amada. Nenhuma pessoa pode fazer seu trabalho se não estiver interessado nele, e o odiará como se fosse seu capataz. Mas quando um objeto de busca encanta o ser humano, ele o intoxica e não o deixa em paz até que ele una a própria alma a ele em uma união indissolúvel. Essa comunicação direta da mente com o objeto de adoração é o misticismo. É a essência da forma mais elevada de vida religiosa, que purifica, enobrece e, acima de tudo, inspira. Para o místico, o grande profeta é o ateniense Platão, cuja doutrina é a do cristão "Deus é amor" convertida em "Amor é Deus". Não é totalmente fantasioso sugerir que Platão, ao se despedir do tipo definitivamente socrático de filosofia, deu a seu mestre como presente de despedida o maior de todos os tributos, um diálogo que é realmente o "elogio de Sócrates".

A intoxicação do pensamento de Platão é evidente no *Fedro*. Esse esplêndido diálogo marca ainda mais claramente o caráter do novo vinho que seria derramado nas garrafas socráticas. Fedro e Sócrates estão reclinados em um local de beleza romântica ao longo da margem do rio Ilissos. Fedro lê um discurso paradoxal supostamente escrito por Lísias, o famoso orador, sobre o amor. Sócrates responde em um discurso igualmente irreal, elogiando, como Lísias, aquele que não ama. Mas logo ele se retrata – seu verdadeiro credo é o oposto. Seu tema é o frenesi – o êxtase da profecia, do misticismo, da poesia e da alma. Esse último é como um cocheiro conduzindo uma parelha de cavalos, um branco e outro preto. Mas, às vezes, o cavalo branco, a qualidade espirituosa da natureza humana, é puxado para baixo pelo preto, que é o desejo sensual, de modo que o cocheiro, a razão, não consegue ter uma visão completa do mundo ideal além de todos os céus. As almas que viram parcialmente a verdade, mas foram arrastadas pelo corcel negro, tornam-se, de acordo com a quantidade de beleza que viram, filósofos, reis, economistas, ginastas, místicos, poetas, jornaleiros, sofistas ou tiranos. A visão, uma vez vista, nunca é totalmente esquecida, pois pode ser recuperada pela reminiscência, de modo que, por meio de exercícios, cada pessoa pode se lembrar de algumas de suas glórias.

O diálogo passa então para uma discussão sobre a escrita e a fala boas e ruins. A verdade é o único critério de valor, e isso só pode ser obtido por definição. Em seguida, deve haver um arranjo ordenado, um começo, um meio e um fim. Na retórica, a arte de persuadir com o uso de argumentos embasados, é absolutamente essencial que o homem estude primeiro a natureza humana, pois ele não pode esperar persuadir um público se não estiver ciente das leis de sua psicologia, tampouco todos os discursos se adequam a todos os públicos. Além disso, a escrita é inferior à fala, pois a palavra escrita não tem vida, ao passo que a falada é viva e seu autor pode ser interrogado. Conclui-se, então, que os oradores são os mais importantes de todos os homens por causa do poder que exercem. Eles serão potentes para a destruição, a menos que amem a verdade e compreendam a natureza humana. Em suma, eles devem ser filósofos.

Isso nunca havia sido dito antes. Isso abriu um novo mundo para a especulação humana. Em primeiro lugar, o ensinamento sobre a oratória é do mais alto valor. A briga de Platão com os sofistas baseava-se na total ignorância deles quanto ao enorme poder que exerciam para o mal, porque não sabiam o que estavam fazendo. Eles professavam ensinar os homens a falar bem, mas não tinham qualquer concepção da ciência na qual se baseia a arte da oratória. Em suma, eram puros impostores. Até Aristóteles não tinha nada a acrescentar a essa doutrina em seu tratado sobre *Retórica*, que contém um estudo dos efeitos que certos artifícios oratórios poderiam produzir ao fornecer a base científica necessária. Mais uma vez, a indiferença ou a ridicularização da verdade demonstrada por alguns sofistas tornou-os odiosos para Platão. Ele não aceitava nenhuma de suas doutrinas de relatividade ou fluxo. Nada menos que o absoluto satisfaria seu espírito elevado. Ele estava farto da mudança dos fenômenos, dos objetos tangíveis e materiais do sentido. Ele encontrou a permanência em um mundo de ideias eternas. Essas ideias são a essência do platonismo. Elas são seu termo para conceitos universais, classes, uma vez que há inúmeras árvores tangíveis únicas, mas apenas uma árvore ideal no mundo ideal além dos céus. Nada pode satisfazer a alma além desses conceitos imutáveis e permanentes, já que é entre eles que ela encontra seu verdadeiro lar. Por fim, a divisão tripartite da natureza da alma aqui indicada pela primeira vez é uma contribuição permanente para a filosofia. Assim, o sistema de Platão é definitivamente lançado no *Fedro*. Seus diálogos subsequentes mostram como ele equipou o casco para navegar em suas viagens de descoberta.

O *Mênon* é uma rediscussão, com base nos princípios platônicos, do problema do Protágoras: a virtude pode ser ensinada? Mênon, um general do exército dos famosos dez mil, tenta definir a própria virtude, o princípio que sustenta tipos específicos de virtudes, como a justiça. Após um interrogatório, ele confessa sua impotência em uma famosa comparação: Sócrates é como o peixe-torpedo que deixa todos os que o tocam sem graça. Então, começa o verdadeiro problema. Como é que aprendemos alguma coisa? Sócrates diz que por meio da reminiscência, pois a alma viveu uma vez na presença do mundo ideal; quando entra na carne, perde seu conhecimento, mas gradualmente o recupera. Ele ilustra essa teoria de forma dramática, chamando um escravo que ele prova, por meio de um diagrama, que sabe alguma coisa de Geometria, embora nunca a tenha aprendido. Assim, a grande lição da vida é praticar a busca pelo conhecimento – e se a virtude for conhecimento, ela poderá ser ensinada.

Mas o quebra-cabeça é: quem são os professores? Não são os sofistas, uma classe desacreditada, tampouco os estadistas, que não podem ensinar seus filhos a segui-los. A virtude, portanto, não sendo ensinável, provavelmente não é o resultado do conhecimento, mas é transmitida às pessoas por uma dispensação divina, assim como a poesia. Mas a origem da virtude será sempre misteriosa até que sua natureza seja descoberta sem sombra de dúvida. Assim, Platão mais uma vez declara sua insatisfação com um princípio socrático que identificava a virtude com o conhecimento.

O *Fedro* descreve a discussão de Sócrates sobre a imortalidade da alma em seu último dia na Terra. A reminiscência de ideias prova a pré-existência, como no *Mênon*, já que as ideias são usadas de forma semelhante para provar a existência contínua após a morte, pois a alma tem em si um princípio imortal que é exatamente o contrário da mortalidade. A ideia de morte não pode existir em uma coisa cuja ideia central é a vida. Essa é, em resumo, a prova de Sócrates. Para nós, ela é singularmente pouco convincente, pois parece uma tentativa de implorar por toda a questão. No entanto, Platão argumenta em sua linguagem técnica como a maioria das pessoas faz no que diz respeito a essa questão tão importante e difícil. Aquilo que contém em si a noção de imortalidade parece ser nobre demais para ter sido criado apenas para morrer. A própria presença de um desejo de realizar a verdade eterna é uma forte presunção de que deve haver algo que corresponda a ele. A parte mais interessante desse conhecido diálogo é aquela que ensina que a vida é realmente um exercício para a morte. Todos os desejos baixos e vulgares que nos assombram devem ser gradualmente eliminados e substituídos por um anseio por coisas melhores. O verdadeiro filósofo, de qualquer forma, treina a si mesmo de tal maneira que, quando chega a sua hora, ele saúda a morte com um sorriso, pois a vida na Terra perdeu seus atrativos.

Esta é a conexão entre o *Mênon* e o *Fédon*: a vida que existia antes e a vida que existirá depois dependem do mundo ideal. O fato de a salvação estar nesta vida e na esfera prática do governo humano ser possível somente por meio do conhecimento dessas ideias é a doutrina da *República* imortal. Essa grande obra em dez livros é bem conhecida, mas seu valor único nem sempre é reconhecido. Ela começa com uma discussão sobre a justiça. Trasímaco, um sujeito descarado como Cálicles, no *Górgias*, argumenta que a justiça é o interesse do mais forte e que a lei e a moralidade são meras convenções. As implicações dessa doutrina são de extrema importância. Se a justiça é franco despotismo, então o tipo oriental de civilização é o melhor, no qual o costume fixou de uma vez por todas o direito do déspota de esmagar a população, ao passo que o único dever da população é pagar impostos. A reforma moral da lei se torna impossível; nenhum ajuste de um decreto imutável ao padrão mutável e progressivo da moralidade pública pode ser contemplado, e o desenvolvimento constitucional, a reforma legal e o grande processo pelo qual os povos ocidentais tentaram gradualmente fazer com que a lei positiva correspondesse aos ideais éticos são meros sonhos.

Mas a refutação verbal de Trasímaco não satisfaz Glauco e Adimanto, que estão entre o público de Sócrates. Para explicar a verdadeira natureza da justiça, Sócrates é obrigado a traçar, desde o início, o processo pelo qual os Estados passaram a existir. As necessidades econômicas e militares são discutidas minuciosamente. O Estado não pode continuar a menos que seja criada nele uma classe cuja única função seja governar. Essa classe deve ser produzida por métodos comunistas, uma vez que os melhores homens e mulheres devem ser testados e escolhidos como pais, e seus filhos devem ser levados e cuidadosamente treinados à parte para seu alto cargo. Esse treinamento será administrado às três partes componentes da alma, a racional, a espiritual e a apetitiva – correspondendo à parte inferior do corpo humano –, ao passo que o currículo educacional será dividido em duas seções: ginástica para o corpo; e artística para a mente, essa última incluindo todas as matérias científicas, matemáticas e literárias. Após uma pesquisa cuidadosa, nesse estado ideal, a justiça, o princípio da harmonia que mantém todas as classes da comunidade coerentes, se manifestará em "fazer o próprio negócio".

No entanto, mesmo esse método de descrição da justiça não é satisfatório para Platão, que não se contentava a menos que se embasasse nos conceitos universais do mundo ideal. A segunda parte do diálogo descreve como o conhecimento é obtido. A mente descarta os mundos sensível e material, avançando para as próprias ideias. No entanto, mesmo essas são insuficientes, pois todas estão interconectadas e unidas a uma grande e arquitetônica ideia, a do bem. A essa a alma deve avançar antes que seu conhecimento possa ser chamado de perfeito. Esse é o esquema de educação para os guardiões. A contemplação filosófica das ideias, entretanto, deve ser adiada até que eles atinjam a idade madura, pois a filosofia é perigosa para os jovens. Tendo desempenhado suas funções bélicas de defesa do Estado, os guardiões devem ser peneirados, e os mais capazes de especulação filosófica devem ser empregados como instrutores dos outros. Visto do alto do mundo ideal, a justiça novamente se revela como o desempenho dos deveres particulares de cada um.

Platão admite que essa sociedade ideal é um objetivo difícil para nossa fraca natureza humana. No entanto, ele sustenta firmemente que "um modelo dela está depositado no céu", o verdadeiro lar do ser humano. Ele lamentavelmente admite que a decadência da excelência é muitas vezes possível e descreve como esse governo dos filósofos, caso fosse estabelecido, deveria passar pela oligarquia e chegar à democracia, a pior forma de governo, povoada pelo homem democrático cuja alma está em guerra consigo mesma porque alega fazer o que quiser. Todo o diálogo termina em uma visão admirável na qual ele ensina que o ser humano escolheu seu destino na Terra em um estado preexistente.

Essa é uma descrição fragmentária dessa obra-prima intitulada *República*. Do que se trata? Primeiro, é necessário apontar um sério equívoco. Platão não está defendendo o comunismo universal, já que seu Estado postula uma classe que ganha dinheiro, e uma classe trabalhadora também. Além do fato de que ele as menciona explicitamente e lhes permite a propriedade privada, seria difícil imaginar que elas não se tornaram necessárias pela sua descrição da justiça. Nem todas as pessoas estão aptas a governar. Portanto, aqueles que são governados devem "fazer seus negócios particulares" para os quais estão aptos, e em alguns casos é o negócio bastante mesquinho de acumular fortunas. O comunismo é defendido como o único meio de criar primeiro e, depois, propagar a pequena casta dos guardiões. A casta também não é rígida, pois algumas das crianças nascidas de relações comunistas serão inadequadas para sua posição e serão degradadas para a seção de ganhadores de dinheiro ou donos de propriedades. Para Platão, o comunismo é um credo elevado, alto demais para todos, adequado apenas para os poucos selecionados e iluminados ou ensináveis.

A *República* também não é um exemplo de teorização utópica. É uma crítica à civilização grega contemporânea, destinada a eliminar a maior dificuldade prática da vida. O ser humano tentou todos os tipos de governo e não encontrou nenhum satisfatório. Todos se mostraram egoístas e infiéis, governando apenas para os próprios interesses. Reis, oligarcas, democratas e líderes de multidões, sem exceção, consideram o poder como o objetivo a ser alcançado por causa dos despojos do cargo. A liderança política é, portanto, um meio direto de autopromoção, uma tentação forte demais para a fraca natureza humana. Como sugeriu um conhecido líder trabalhista, cinco mil dólares por ano não é algo que aparece com frequência no caminho de qualquer pessoa. Há apenas uma maneira de garantir um governo honesto, e essa é a de Platão. Deve-se criar uma classe definida que exerça apenas o poder político, pois inclinações econômicas de qualquer tipo desqualificam qualquer um de seus membros para assumir um cargo. A classe dominante deve apenas governar, e a classe que faz dinheiro deve apenas ganhar dinheiro. Dessa forma, nenhuma seção taxará as demais para encher os próprios bolsos. O único requisito é que esses guardiões sejam reconhecidos como os mais aptos a governar e recebam a obediência voluntária dos demais. Se existe algum outro plano sensato para preservar os governados das exigências incessantes e vorazes dos cobradores de impostos, não há registro dele na literatura. Na Inglaterra, onde se acredita que as qualificações oficiais para governar existem igualmente em todos, sejam eles treinados ou não na arte de governar, a *República*, se for lida, pode ser admirada, mas certamente será mal compreendida.

Parece que o ensino de Platão na Academia suscitou críticas formidáveis. O próximo grupo de diálogos é marcado pelo ensino metafísico. O *Parmênides* é um exame minucioso das ideias. Se elas estiverem em um mundo à parte, não poderão ser facilmente conectadas ao nosso mundo, já que uma coisa grande na Terra e a ideia de grande precisarão de outra ideia para compreender a ambas. Além disso, as ideias em uma existência independente estarão além do nosso conhecimento e seu estudo será impossível. O sistema de Sócrates revela falta de prática metafísica. No máximo, as ideias deveriam ter sido consideradas como parte de uma teoria cujo valor deveria ter sido testado por resultados. Esse processo é exemplificado por uma discussão sobre a oposição fundamental entre o "um" e os "muitos" infinitos que são instâncias dele.

Essa crítica mostra a vantagem que Platão teve ao fazer de Sócrates o porta-voz de suas especulações. Ele podia criticar a si mesmo como se fosse de fora. Ele colocou o dedo no próprio ponto fraco, a questão de saber se as ideias são imanentes ou transcendentes. Os resultados desse exame foram adotados pela escola aristotélica, que sugeriu outra teoria do conhecimento.

O *Filebo* discute a questão de saber se o prazer ou o conhecimento é o principal bem. Um argumento metafísico que segue o de *Parmênides* e termina com a característica distinção grega entre o finito e o infinito. O prazer é infinito, porque pode existir em maior ou menor grau. Há uma vida mista composta de finito e infinito, e há uma faculdade criativa à qual a mente pertence. O prazer é de dois tipos: às vezes, é misturado com dor, outras vezes, é puro. Somente o último tipo vale a pena ser cultivado e inclui os prazeres do conhecimento. No entanto, o prazer não é um fim, mas apenas um meio para ele. Portanto, não pode ser o bem, que é um fim. O conhecimento está em seu melhor momento quando está lidando com o eterno e imutável, mas mesmo assim não é autossuficiente – ele existe em prol de outra coisa, o bem. Esse último é caracterizado por simetria, proporção e verdade. O conhecimento se assemelha muito mais a ele do que até o puro prazer.

O *Teeteto* discute mais detalhadamente a teoria do conhecimento. Esse diálogo platônico começa com uma comparação entre o método socrático e a obstetrícia. Ele libera a mente dos pensamentos com os quais ela está sofrendo. A primeira tentativa de definição de conhecimento é que ele é uma sensação. Isso está de acordo com a doutrina protagórica de que o homem é a medida de todas as coisas. No entanto, a sensação implica mudança, ao passo que não podemos deixar de pensar que os objetos retêm sua identidade, pois, se o conhecimento é sensação, um porco tem uma pretensão tão boa de ser chamado de medida de todas as coisas quanto um homem. Novamente, Protágoras não tem o direito de ensinar aos outros se as sensações de cada homem são uma lei para ele. A doutrina heraclitiana também não é muito melhor, pois ensinava que todas as coisas estão em um estado de fluxo. Se nada retém a mesma qualidade por dois momentos consecutivos, é impossível haver predicação, e o conhecimento deve ser inútil. De fato, a sensação não é a função do ser humano como um ser racional, mas sim a comparação. O conhecimento também não é uma opinião verdadeira, pois isso exige imediatamente a demarcação da opinião falsa ou do erro, e esse último é negativo e só será compreendido quando o conhecimento positivo for determinado. Talvez o conhecimento seja a opinião verdadeira mais a razão, mas é difícil decidir o que se ganha ao acrescentar "com a razão", palavras que podem significar tanto a opinião verdadeira quanto o próprio conhecimento, envolvendo uma tautologia ou uma contestação da questão. O diálogo, pelo menos, mostrou o que o conhecimento não é.

Locke, Berkeley e Hume, os filósofos sensacionalistas do século XVIII, foram refutados de forma semelhante por Kant. A mente, por sua mera capacidade de comparar duas coisas, prova que pode ter pelo menos dois conceitos diante de si ao mesmo tempo e pode mantê-los por um período mais longo do que a demandada por uma mera sensação passageira. No entanto, o problema do conhecimento ainda permanece tão difícil quanto Platão sabia que era.

"O sofista é o mesmo que o estadista e o filósofo?". Essa é a questão levantada em *O sofista*. Seis definições são sugeridas, todas insatisfatórias. A característica fixa do sofista é que ele parece saber tudo sem saber, definição que leva diretamente ao conceito de opinião falsa, uma coisa cujo objeto é e não é. "Aquilo que não é" provoca uma investigação sobre o que é, o ser. O dualismo, o monismo, o materialismo e o idealismo são todos discutidos, e a conclusão é que o sofista é uma falsificação do filósofo, um impostor intencional que faz as pessoas se contradizerem por meio de discussões.

O *Político* continua a discussão. Nesse diálogo podemos ver as glórias moribundas do gênio de Platão. Em sua busca pelo verdadeiro pastor ou rei, ele separa o líder divino do humano, uma vez que somente o verdadeiro rei tem conhecimento científico superior à lei e aos decretos escritos que os homens usam quando não conseguem descobrir o verdadeiro monarca. Esse conhecimento científico de princípios fixos e definidos só pode vir da educação. Segue-se um mito muito notável, que é praticamente a versão grega da queda. O estado de inocência é descrito como precedendo um declínio para a barbárie, já que uma restauração pode ser efetuada somente por uma interposição divina e pelo crescimento de um estudo de arte ou pela influência da sociedade. As artes em si são filhas de uma revelação sobrenatural.

O *Timeu*, um dos diálogos de Platão, e o longo tratado *Das Leis* criticam as teorias propostas em *República*. O primeiro está repleto de especulações mundiais de um tipo muito difícil, ao passo que o segundo admite a fraqueza do Estado ideal, fazendo concessões às inevitáveis falhas humanas.

Embora tenha sido escrita em um período inicial, a *Apologia* pode formar um final adequado para esses diálogos. Sócrates foi condenado sob a acusação de corromper a juventude ateniense e por impiedade. Para a maioria dos atenienses, ele deve ter sido não apenas diferente dos sofistas que ele nunca se cansava de expor, mas o maior sofista de todos. Ele não teve sorte com seus amigos, entre os quais estavam Crítias, o infame tirano, e Alcibíades, que vendeu o grande segredo. Os homens mais velhos devem ter visto com desconfiança sua influência sobre os jovens em uma cidade que parecia estar perdendo todas as virtudes nacionais, já que muitos deles foram pessoalmente prejudicados por seu hábito irritante de expor a ignorância deles. Foi-lhe dada uma chance de escapar reconhecendo sua falha e consentindo em pagar uma pequena multa. Em vez disso, ele propôs para si mesmo a maior honra que sua cidade poderia dar a qualquer um de seus benfeitores: a manutenção pública na prefeitura.

Sua defesa contém muitas passagens excelentes e é uma obra-prima de ironia suave e exposição sutil de erros. Sua conclusão é magistral:

> Na hora da morte, os homens costumam profetizar. Minha profecia para vocês, meus matadores, é que, quando eu morrer, vocês terão de enfrentar uma pena muito mais grave do que a minha. Vocês me mataram porque desejam evitar prestar contas de suas vidas. Depois de mim, virão mais acusadores de vocês e mais severos. Vocês não podem parar as críticas, exceto se reformarem a si mesmos. Se a morte é um sono, então para mim é um ganho. Se no outro mundo um homem for libertado de juízes injustos e lá se encontrar com juízes verdadeiros, a jornada valerá a pena. Lá serão encontrados todos os heróis do passado, mortos por sentenças iníquas; eu os encontrarei e compararei minhas agonias com as deles. O melhor de tudo é que poderei realizar minha pesquisa sobre o conhecimento verdadeiro e o falso, e descobrirei o sábio e o insensato. Nenhum mal pode acontecer a um homem

virtuoso na vida ou na morte. Se meus filhos, quando crescerem, se preocuparem mais com as riquezas do que com a virtude, repreenda-os por pensarem que são alguma coisa quando não são nada. Minha hora chegou; temos de nos separar. Eu vou para a morte, você para a vida; qual dos dois é melhor, só Deus sabe.

Duas lições de suma importância devem ser aprendidas com Platão. Em primeiro lugar, ele insiste nas credenciais dos professores aceitos de uma nação. Ao serem examinados, a maioria deles, como Górgias, seria incapaz de definir os assuntos para os quais recebem dinheiro para ensinar. A única esperança de um país é a educação, pois somente ela pode libertá-lo da ignorância, uma escravidão pior do que a morte; a pessoa sem instrução é o ludibriador das próprias paixões ou preconceitos e é o joguete da horda de impostores que pedem seu voto nas eleições ou o empurram para as greves.

Mais uma vez, a possibilidade de conhecimento depende da definição precisa e das comparações científicas das instâncias. Isso envolve uma reflexão longa e cansativa e, muitas vezes, a recompensa é bastante escassa. Às vezes, nenhuma conclusão é possível, exceto o fato de que está claro o que uma coisa não pode ser. A inteligência humana aprendeu uma lição muito valiosa quando reconheceu a própria impotência no início de uma investigação e suas limitações no final dela. O conhecimento, o bem, a justiça e a imortalidade são concepções tão poderosas que nossas mentes minúsculas não têm bússolas para as definir. É muito melhor uma desconfiança em nós mesmos do que a pretensão um tanto impudente e, sem dúvida, insistente de certeza apresentada pelos apóstolos materialistas do não humanitarismo moderno. Quando questionado sobre as últimas consequências, todo o conhecimento humano deve admitir que está pendurado no fio tênue de uma teoria ou postulado. O estudante de Filosofia é mais honesto do que os outros, pois ele tem a franqueza de confessar as suposições que faz antes mesmo de tentar pensar.

Às vezes, é preciso admitir que Platão parece muito irreal. Suas falhas são bastante claras. A forma de diálogo torna muito fácil para ele inventar perguntas de tal natureza que a resposta que ele quer é a única possível. Mais uma vez, suas conclusões são frequentemente obtidas por métodos ou argumentos que são francamente inadmissíveis, já que nos diálogos anteriores há alguns exemplos muito gritantes de pura inutilidade lógica. Frequentemente, todo o tema da discussão é tal que não se poderia esperar que nenhum filósofo moderno o aprovasse. A suposta explicação de uma dificuldade às vezes é fornecida por um mito, esplêndido e poético, mas não logicamente válido. Inconsistências podem ser facilmente apontadas na vasta gama de suas especulações. Restou a Aristóteles inventar um método genuíno para separar um tipo de argumento lícito de um ilícito.

Essas falhas são graves. Contra elas devem ser colocadas algumas excelências positivas. Platão foi um dos primeiros a apontar que há um problema, uma vez que uma pergunta deve ser feita e uma resposta deve ser encontrada, se possível, pois não temos o direito de tomar as coisas como certas. Mais do que isso, ele estava sempre em busca de conhecimento, livrando-se de preconceitos, fazendo com perfeita honestidade a mais difícil de todas as coisas, o dever de pensar com clareza. Esses pensamentos ele expressou no melhor de todos os tipos de prosa grega, uma mistura de beleza poética com a precisão da prosa.

Mas o elogio de Platão não é tanto o fato de ele ser um filósofo, mas a própria filosofia em forma poética. Suas grandes visões do eterno, de onde brotamos, bem como sua admiração pelo verdadeiro rei, pela verdadeira virtude, pelo verdadeiro Estado "depositado no céu", enchem-no de uma exaltação inspirada que eleva seus leitores ao céu de onde o platonismo desceu. Há dois tipos principais de seres humanos. Um se contenta com as coisas do senso, já que usando seus poderes de observação e realizando experimentos ele se tornará um cientista; usando seus poderes de especulação, ele se tornará um filósofo aristotélico; colocando seus pensamentos em ordem simples e lógica, ele escreverá uma boa prosa. O outro se eleva até os princípios eternos por trás deste mundo, as formas imortais ou os conceitos gerais que dão às coisas concretas sua existência. Essas formas perfeitas são o principal estudo do artista, poeta e escultor, cujo trabalho é nos proporcionar conforto e prazer indescritíveis. Enquanto o ser humano viver, ele deve ter a perfeição da beleza para o alegrar, especialmente se a ciência for testar tudo com a régua, a balança ou o cadinho. Esse amor pela beleza é exatamente o platonismo. Ele ainda não morreu. De Atenas, ele se espalhou para Alexandria, onde começou a ganhar vida nova na escola da qual Plotino é o chefe. Suas doutrinas são descritas para o leitor inglês em *Hypatia* (1853), de Charles Kingsley. Ela plantou sua semente de misticismo no cristianismo, com o qual tem afinidades muito estranhas. Na Renascença esse elemento místico atraiu a imaginação do norte da Europa, principalmente da Alemanha. Passando para a Inglaterra, criou em Cambridge uma escola de platonistas, cuja origem do pensamento é evidente na poesia de Coleridge e Wordsworth. Sua última explosão foi o ensino transcendental do século XIX, tão curiosamente grego e não grego em sua essência.

Existe em nossa natureza aquele desejo eterno de comunhão com o divino que o mero pensamento de Deus desperta em nós. Nosso verdadeiro lar está no grande mundo onde a verdade é tudo, aquela verdade que um dia nós, como Platão, veremos face a face sem qualquer hesitação.

EDUCAÇÃO NA GRÉCIA ANTIGA[6]

CAPÍTULO X – OS TEÓRICOS GREGOS DA EDUCAÇÃO – PLATÃO E ARISTÓTELES

É comum em livros sobre a educação grega dar um espaço muito grande para a discussão da "República" e das "Leis", de Platão, bem como da "Política", de Aristóteles, porque elas contêm recomendações elaboradas e sistemáticas sobre o treinamento dos jovens. Mas os Estados criados por ambos os filósofos são ideais, o de Aristóteles não menos do que o de Platão. Embora a parte educacional da obra de Aristóteles pareça fragmentária e inacabada, não podemos afirmar que qualquer desenvolvimento posterior a teria colocado dentro do alcance da política prática. As noções de Platão eram confessadamente teóricas e são discutidas como tal por todos os seus comentaristas. Mas alguns estudiosos têm se dado ao trabalho de descobrir o quanto de seu sistema, especialmente nas "Leis", mais brandas e menos extravagantes, foi emprestado da vida real e de Estados reais, em oposição às criações de sua utopia. Em quase todos os detalhes a distinção é puramente conjectural. É realmente por falta de evidências positivas que essas teorias assumiram uma importância tão indevida. Para o teórico filosófico e o reformador educacional as especulações desses intelectos esplêndidos no início do pós-meridiano do glorioso dia da Grécia devem ser sempre muito atraentes e sugestivas, mas é temeroso transferir para um livro prático ou para um relato histórico o que nunca foi realizado. Essas especulações, no entanto, podem encontrar um espaço limitado aqui para mostrar o efeito geral que a educação prática descrita produziu sobre os pensadores mais avançados da época.

---

6   Título original *Old greek education. Chapter X – The greek theorists on education – Plato and Aristotle*, escrito por J. P. Mahaffy, New York: Harper&Brothers, Franklin Square, 1882. Traduzido por: Murilo Oliveira de Castro Coelho.

Infelizmente, temos novamente apenas o lado aristocrático e aquele que afirma que o Estado é supremo e interfere em toda a vida individual e privada. Se tivéssemos as especulações do poeta grego erudito do período helenístico Lícofron e sua escola, que sustentavam, com instinto verdadeiramente democrático, que as leis eram úteis apenas para reprimir o crime e que o restante da vida do cidadão deveria ser deixado livre e sem controle, nossas noções sobre as teorias da educação grega poderiam ser consideravelmente modificadas. Mas, por outro lado, preservamos o heleno dos helenos, uma vez que a escola de Lícofron só poderia ter recomendado o que sabemos por experiência prática na sociedade moderna.

Desde o início, Platão e Aristóteles adotaram princípios bastante definidos. Eles presumiram que o Estado deve interferir em todos os lugares e controlar toda a vida do ser humano. Assim, a esplêndida democracia ateniense em que Platão viveu não teve o poder de afastá-lo de seus preconceitos um tanto estreitos. Ele desprezava os bens que possuía e ansiava por um ideal espartano, embora seus defeitos estivessem suficientemente claros diante de seus olhos. Pior ainda, a ampla visão aberta por Alexandre para uma fusão maior de ideias e para as mais variadas formas de sociedade não teve o poder de emancipar o intelecto de Aristóteles de sua arraigada estreiteza helênica. É necessário fazer esse protesto veemente logo de início, por causa do coro de admiração entoado pelos pedantes e pedagogos dos dias modernos em relação a essas teorias completamente impraticáveis e retrógradas. Um fato falará muito para o leitor moderno. Ambas consideram um pequeno número de cidadãos e, de fato, um pequeno limite de território, como essenciais para seus esquemas, pois não é possível uma supervisão precisa ou perpétua da polícia e da direção do Estado em uma grande cidade ou em um grande território. Isso, por si só, mostra o quão antiquados eles devem ter parecido mesmo no século seguinte, quando os gregos despertaram para a ambição de governar reinos no Oriente.

No entanto, havia alguns pontos em que esses pensadores, especialmente Platão, eram muito mais rigorosos do que nós, principalmente em razão da total ausência do sentimento ou sentimentalismo que infecta a vida moderna. Platão, tanto na "República" quanto nas "Leis", insiste que a educação será de pouca utilidade se as crianças forem trazidas ao mundo com o corpo deformado e a mente deformada pelas más condições físicas e mentais de seus pais. Em alguns desses casos, a sociedade grega concordou com ele. Na maioria das cidades-Estado uma criança deformada era exposta à morte ou tendia a ser recolhida por alguém que corresse o risco de criá-la como escrava doméstica, e certamente em Esparta teria sido considerado um crime propagar doenças hereditárias. As pessoas eram poupadas do espetáculo repugnante do herdeiro com gânglios no pescoço por causa de uma enfermidade ou surdo e mudo de um grande nome sendo cortejado em matrimônio para perpetuar as misérias ou os vícios de seus progenitores.

Mas Platão foi além e sustentou que a produção do animal mais importante, o ser humano, deveria ser regulada com ainda mais cuidado do que a dos animais inferiores, nos quais resultados tão impressionantes foram obtidos pela seleção artificial. Portanto, ele recomendou, em seu Estado ideal, não a comunidade de esposas – Deus nos livre de seguir Aristóteles na repetição dessa calúnia grosseira! –, mas uma cuidadosa seleção estatal de pares adequados e sua união solene, sob o pretexto de uma orientação da Providência por meio de um apelo à sorte. Esses casamentos deveriam ocorrer em uma época fixa, e todos os filhos nascidos deles durante o ano deveriam ser considerados filhos comuns de todos. Note que a palavra "comunidade" pode ser aplicada com justiça. Em nenhum lugar ele nos disse se, em anos sucessivos, os mesmos pais deveriam permanecer unidos e, portanto, não sabemos se seus casamentos deveriam ser temporários ou não. Acredito que essa questão não era de grande importância para ele. Se a prole se saísse bem, não haveria mudança; se fosse ruim, é claro que os guardiões do Estado não sancionariam a continuidade de uma união insalubre. Assim, embora Platão estivesse disposto a permitir que o sentimento tivesse seu lugar sentimental e a apresentar a decisão dos governantes do Estado como a vontade da Providência, os casamentos declaradamente arranjados no céu deveriam ser permitidos apenas com o objetivo estrito de melhorar a raça.

A objeção de que tal arranjo destruiria a santidade e a influência da família, abolindo nosso mais poderoso mecanismo de educação precoce, não era objeção para Platão. Ele desejava abolir as famílias separadas e resgatar as crianças da tirania, da indulgência e da incompetência de pais individuais, de modo a colocá-las sob a disciplina do Estado. E o Estado não era absolutamente nada além de uma enorme família, no que dizia respeito às classes mais altas. Para nós, que vivemos em grandes reinos, que sabemos que a família dá a lei para os indivíduos na vida cotidiana e que os esquemas de educação pública não podem substituí-la, todos os sistemas que abolem a santidade do lar são inadmissíveis.

Nenhum ponto do esquema de Platão desperta mais simpatia hoje em dia entre os pensadores avançados do que o de igualar os gêneros na educação e submeter as mulheres ao mesmo treinamento e deveres que os homens. Pois ele sustentava que, embora a natureza não tivesse feito as mulheres tão fortes quanto os homens, e que suas importantes funções na produção da raça as colocassem sob alguns inconvenientes e deficiências, não havia, no entanto, razão para supor qualquer diferença permanente de espécie. Se essa teoria é considerada revolucionária pela maioria das pessoas na sociedade moderna, o que deve ter sido nos dias e entre as pessoas da época de Platão! Aqui, mais uma vez, o que o guiou foi uma estimativa exagerada da liberdade e da importância das mulheres espartanas, que, quando jovens, eram incentivadas a se exercitar em público e que, quando casadas, mantinham sobre seus maridos uma influência muito superior à das mulheres em outros lares gregos. Mas não devemos nos esquecer da pequena cultura dos homens, sua devoção ao treinamento militar e a consequente necessidade de as mulheres usarem o próprio discernimento na administração de seus lares.

Por outro lado, se pudermos nos distrair por um momento pelo interesse e pela importância do assunto, não há razão válida para que a produção física da raça não receba infinitamente mais atenção do que recebe dentro dos limites de nossos atuais arranjos sociais. Em primeiro lugar, embora as razões sentimentais para o casamento ainda sejam colocadas em primeiro plano, e nos discursos de casamento e nas correspondências amistosas se presuma que alguma predestinação divina ou a compulsão sentimental chamada de paixão seja a única causa eficiente dos casamentos, sabemos que muitas considerações razoáveis intervêm e são os verdadeiros motivos da ação. Esses motivos – a aquisição de riqueza, posição ou conexão, o desejo de conforto no lar e de uma vida independente de diversões externas, um calmo respeito mútuo – são comumente confessados até pelas próprias pessoas que desfilam razões sentimentais. Sempre que um casamento parece adequado com base em considerações racionais, os casamenteiros não se poupam de esforços para induzir os jovens a se imaginarem unidos por alguma afinidade sutil e sentimental – como os guardiões de Platão, que pretendiam ter a sorte providencial como guia.

Se, então, esse for o caso, isto é, se mesmo agora há países civilizados e classes de pessoas que professam abertamente razões prudenciais como as melhores para se casar, será necessária apenas uma melhor educação da opinião pública para permitir que os homens avancem para a posição de que o vigor físico e mental dos filhos resultantes é um motivo a ser conscientemente considerado na seleção. Primeiro, podemos chegar ao estágio de evitar uma mancha hereditária, como as pessoas atualmente evitam uma doença infecciosa. Essa prevenção eliminaria ou reduziria ao mínimo esse mal, e a raça escaparia de grande parte da mais terrível e desesperadora de suas misérias físicas. Então, o desejo sistemático e deliberado de que haja crianças saudáveis descobrirá muitas condições agora desconhecidas, quando muitas de nossas uniões são resultado do acaso, ou da avareza ou, pior ainda, da paixão. Cientistas começarão a fazer observações sobre a diferença de antecedentes físicos que causam essas curiosas diferenças em crianças da mesma casa. E chegará o dia em que, de um conjunto de tais observações, poderão ser deduzidas regras práticas valiosas. Assim, poderemos melhorar nossa raça como os espartanos fizeram na Grécia antiga, e sabemos que eles foram perfeitamente bem-sucedidos em obter o que buscavam – uma média alta de força física e de beleza.

Tudo isso, esperamos, será apenas a introdução de um problema muito mais importante, porém muito mais difícil – a determinação das condições que produzem o gênio. Não há razão para duvidar que essas condições sejam principalmente transitórias, pois o gênio não é uma herança fixa, os exemplos mais esplêndidos vêm de pais obscuros e comuns. A mera combinação de pais adequados também não produz seu efeito de maneira uniforme sem outras condições mais limitadas. Pois encontramos os grandes líderes do mundo às vezes como filhos únicos, às vezes como os mais velhos, às vezes como os mais jovens, ou no meio de uma família de irmãos e irmãs tão obscuros quanto seus pais. A observação cuidadosa, portanto, não apenas dos pais, mas da passagem específica em sua vida que produziu uma prole intelectualmente esplêndida, é algo sobre o qual não podemos esperar luz por um longo tempo, e até que as pessoas se acostumem a considerar o aprimoramento geral da raça de uma importância muito maior do que a atual. Se tais resultados pudessem ser obtidos, mesmo que aproximadamente – se, mesmo em um caso em cada dez, a excelência intelectual pudesse ser produzida da mesma forma que reproduzimos as perfeições físicas –, então, de fato, a perfeição da humanidade não seria mais um sonho vago, mas mostraria alguns sinais de uma realização parcial.

Devemos esperar que esse avanço nas ideias ocorra em nossos dias? Talvez tenhamos avançado para além do estágio em que os seres humanos consideram o gênio como nitidamente nascido do céu e dom direto dos deuses, independentemente de quaisquer condições naturais. Se ele é de fato nascido no céu, agora se admite que seja assim por meio da combinação de causas naturais. Mas, por outro lado, nossas melhores e mais refinadas pessoas recuarão com profunda aversão ao fazer uma análise científica de tais condições. Elas exclamarão que as possíveis vantagens não são nada comparadas com a profanação daquele mistério que foi santificado pelos sacramentos da Igreja e protegido da investigação profana por uma nuvem de sentimentos delicados. Reduzir o sagrado estado do casamento à produção deliberada e científica de descendentes condicionados destruirá, dizem eles, toda a santidade da relação e, com ela, a pureza e a dignidade de nossos lares.

Essas objeções importantes e respeitáveis devem ser respondidas observando-se que seria errado tentar qualquer reforma em oposição ao sentimento unânime das próprias pessoas que poderiam realizá-la – nossas classes mais sóbrias e refinadas. Até que esse sentimento possa ser gradualmente mudado por meio de argumentos e passe a ser visto como uma superstição venerável e amável, nada será feito. Mas é uma questão histórica que os sentimentos mais respeitáveis e sagrados, se irracionais, podem ser gradualmente removidos por um progresso no que o Sr. Lecky[7] chama de racionalismo, ou esclarecimento intelectual. Podemos até apontar agora para o importante fato de que, nos países e nas épocas em que os casamentos foram confessadamente arranjados por razões prudenciais, eles não foram menos sagrados, tampouco a vida doméstica foi menos pura do que quando sentimentos vagos e irracionais foram colocados em primeiro plano. Os irlandeses de classe baixa são tão fiéis e felizes em seus lares, e o laço matrimonial é tão sagrado e honrado quanto em qualquer lugar do mundo. No entanto, entre eles é raro um casamento por amor. É uma questão de vacas e porcos, da sucessão de uma fazenda – não, muitas vezes de um arranjo feito pelo proprietário por motivos próprios – e ainda assim esses casamentos são tão felizes e puros como se tivessem sido o resultado de uma grande paixão mútua. O mesmo pode ser dito da vida conjugal nas regiões rurais da França, onde uma raça econômica e previdente adapta suas uniões às circunstâncias e deixa as extravagâncias de uma grande paixão para os poetas e parisienses.

A história da Grécia oferece um exemplo mais notável. Se perguntarmos em que lugar da Grécia o lar gozava de maior honra e santidade, onde a mãe de família era a mais reverente e socialmente importante e onde as violações de fidelidade eram mais raras, ninguém hesitaria em responder: em Esparta, onde todo o sentimento ou toda a delicadeza do vínculo matrimonial era sacrificado ao dever de produzir filhos saudáveis para o Estado. Plutarco nos fala de um estado de coisas que as pessoas modernas considerariam totalmente subversivo de toda pureza – idosos cedendo seus direitos de uniões e trocas temporárias em prol de uma prole desejável. Os homens e as mulheres espartanos não deixavam de ter sentimentos em relação ao casamento, defendendo a honra e a santidade do vínculo matrimonial,

---

7   William Edward Hartpole Lecky (1838-1903) foi um historiador irlandês do racionalismo – a corrente filosófica que traz como argumento a noção de que a razão é a única forma que o ser humano tem de alcançar o verdadeiro conhecimento – e da moral europeia, cujo estudo da Inglaterra georgiana tornou-se um clássico.

mas seus sentimentos os levavam a considerar uma boa prole como o resultado mais nobre do casamento, e um resultado para o qual todas as outras considerações eram secundárias. Portanto, foi de acordo com seu sentimento que eles adotaram o mesmo tipo de precaução com relação à perfeição física que uma era posterior e mais sábia pode adotar com relação à perfeição intelectual e moral.

Essa possibilidade de melhorar o intelecto por meio de uma seleção cuidadosa estava além da visão de Platão, uma vez que ele só pensava em qualidades físicas na organização de seus sindicatos. No entanto, um dos pontos mais notáveis de sua sociedade exclusiva e aristocrática é o fato de ele tomar providências para a adoção de qualquer criança particularmente brilhante da classe operária entre seus tutores, de modo que eles pudessem se beneficiar do acidente. A degradação de crianças pobres ou insalubres da classe mais alta também é contemplada.

Sua organização dos anos de educação é a seguinte: dividido em três partes. Começando com o aprendizado de mitos e contos apropriados, prossegue-se com a ginástica, seguida de música e poesia, com leitura, escrita, aritmética e algumas matemáticas elementares, todas ocupando do sétimo ao décimo oitavo ano e, portanto, correspondendo à nossa escolaridade. Em seguida, vem o treinamento militar até o vigésimo ano – uma divisão à qual nós, que não temos recrutamento, não temos analogia, como os alemães têm. Em seguida, vem a segunda divisão de estudos superiores em Matemática pura e aplicada por dez anos, e a terceira em Metafísica por cinco anos. Esses estudos são, obviamente, bastante abrangentes em relação a qualquer esquema prático e têm como objetivo formar aqueles governantes filosóficos que considerarão toda a sua vida aqui como uma preparação para uma esfera mais elevada.

Seus pontos de vista sobre os detalhes da música e da ginástica não eram materialmente diferentes daqueles dos educadores práticos que discutimos, exceto pelo fato de que ele se propõe a treinar sua classe de tutores com mais detalhes e circunstâncias do que seria possível para qualquer público comum.

Ele é pouco prático, e mesmo absurdo, em sua curiosa prudência com relação aos contos e lendas que as crianças devem aprender. Ele se opõe a Homero, às tragédias, ainda mais às comédias e, sem dúvida, ao folclore da época, por inculcarem visões baixas e imorais dos deuses e de suas relações com os humanos. Os contos de fadas sempre representam Deus como um só e perfeitamente bom. Ele chega a ir tão longe – mas aqui ele dificilmente pode estar falando sério – a ponto de recomendar que as crianças aprendam de cor suas leis em vez de poesia e mitos! Em todas as suas observações sobre esse assunto, ele evidentemente ignora a cultura da imaginação como tal, que reconhecemos como tão importante que até toleramos ou ignoramos imoralidades ou ficções manifestas com o objetivo de proporcionar esse tipo de diversão e cultura às crianças. De fato, é certo que quando as crianças aprendem contos de fadas como tais, os atos imorais da vida real, como roubo e assassinato, são apenas acessórios da vida imaginária, na qual geralmente há alguma justiça rude.

Mesmo fora dessa questão específica encontramos em toda a teoria da educação de Platão uma aversão muito maliciosa a qualquer liberdade de opinião ou liberdade de vida na juventude de seu Estado. Ele vai tão longe nas "Leis" que torna heresia expressar opinião penal e pune com prisão aqueles que não se conformam com as doutrinas do legislador. Se há algo que nos tentaria a rejeitar as "Leis" como não sendo a obra genuína do discípulo de Sócrates é essa estranha estreiteza de visão, que faz Grote[8] argumentar que a Atenas real dos dias de Platão era superior ao ideal que ele construiu. Mas os doutrinadores de todas as épocas odeiam a liberdade humana. Os gregos também não parecem ter sido forçados, pela pressão das circunstâncias, a marcar o fim da educação formal por um período fixo, como a nossa graduação em uma universidade, quando se espera que o jovem saia para o mundo e, a partir de então, eduque-se na vida prática.

O livro educacional da "Política", de Aristóteles, é um mero fragmento, que sugere muitos problemas e resolve poucos. Mesmo com a ajuda de algumas correções importantes da "Ética", achamos que é o esquema

---

8   George Grote (1794-1871) foi um historiador inglês, conhecido por suas obras sobre a Grécia Antiga.

estreito e antiquado de um grego pedante, escrito com admiração pela disciplina artificial de Esparta e incapaz de entender o ideal helênico muito mais esplêndido esboçado por Tucídides em seu discurso sobre Péricles. Sabemos, no entanto, pela "Ética", que ele sentia a importância essencial dos laços familiares entre marido e mulher, entre pais e filhos. Por isso, ele rejeita a proposta de Platão de abolir a família e insiste que o Estado ideal deve consistir em famílias no sentido estrito. Por outro lado, ele concorda plenamente com a opinião de Platão de que os aspectos sociais e morais do casamento não são de forma alguma inconsistentes com uma supervisão rigorosa da produção de filhos saudáveis pelo Estado. Ele previu o estado de coisas antecipado, quando marido e mulher ainda sentirão a profunda santidade e a completa lealdade de sua relação e, ainda assim, não deixarão para o mero acidente o produto mais importante, ou melhor, o único produto, no que diz respeito ao Estado, de sua união. Ele é tão cuidadoso quanto Platão ao recomendar o cuidado com as crianças ainda não nascidas por meio da atenção ao ar e ao exercício de suas mães. Ele é ainda mais implacável ao defender a destruição, antes ou depois do nascimento, da prole ilegítima. Ele não pode, assim como Platão, imaginar um Estado ideal capaz de se expandir a ponto de conter um grande povo, nem pode dispensar as deficiências da maioria de seus membros, como escravos e operários.

Ele não contempla o longo e elaborado treinamento posterior dos guardiões de Platão, pois não concebe este mundo como uma preparação para outro, mas como um fim em si mesmo. E é provavelmente por essa razão que ele é tão superior a Platão na análise da função da recreação refinada e do enobrecimento do lazer pelos prazeres estéticos. Assim, ele vê que a música deve ser utilizada como uma recreação para a juventude, bem como um mecanismo moral de educação. Ele explicou em seu "Poética" que a poesia dramática não é mera ficção, que deveria ser banida do Estado ideal por ensinar a falsidade ou retratar o crime, mas uma representação da vida humana mais profunda e filosófica do que a história, na medida em que a história apenas amplia o intelecto, ao passo que o drama também purifica as emoções do espectador. Pode-se até argumentar que a história amplia o intelecto apenas em razão de ser concebida como um drama – um desenvolvimento do caráter humano – e não como uma mera recitação de fatos.

Embora não afirme tão claramente quanto Platão que a ginástica é principalmente um treinamento para o caráter, ele se opõe ao treinamento físico que não estuda nada além do desenvolvimento dos músculos, com base no fato de que, se for excessivo, ele anula seu objetivo ao gerar um estado insalubre. Como não podemos trabalhar o corpo e a mente juntos com qualquer severidade, ele deve geralmente coincidir com a ignorância ou com uma vida analfabeta. Até o treinamento militar espartano, que era oposto ao treinamento atlético, cai sob sua censura.

Ele não admite, como Platão, a igualdade de gênero entre os sexos, mas acha que as funções das mulheres são distintas em gênero das dos homens e, portanto, não devem ser aperfeiçoadas com a adoção do mesmo treinamento. Assim, ele é, de modo geral, mais moderado e conservador, mas também menos sugestivo do que seu grande mestre.

O principal valor de seu fragmento sobre educação é que ele mostra o quanto o assunto havia sido discutido em sua época. Assim, depois de determinar que o lado cívico do cidadão é muito importante e que, portanto, toda a educação deve ser pública e igual para todos, como em Esparta, ele prossegue com seu argumento: "O que, então, é educação e como devemos educar? Pois ainda não há consenso sobre o assunto, tampouco todos os homens têm a mesma opinião sobre o que os jovens devem aprender com vistas à perfeição ou à melhor vida nem se concorda se a educação deve ter como objetivo o desenvolvimento do intelecto ou do caráter moral. Do ponto de vista comum, a questão é bastante confusa, e não está claro para ninguém se devemos treinar no que leva à virtude, no que é útil para a vida comum ou na ciência abstrata. Todas essas alternativas têm seus defensores. Novamente, no que diz respeito ao que leva à virtude, não há um consenso geral, pois como as pessoas não concordam com o que honram como tal, é claro que não podem concordar com o treinamento para obtê-la. Com relação ao que é útil para a vida, é óbvio que há certas coisas indispensáveis que devem ser ensinadas, e é igualmente claro que há outras que não devem. Todas as ocupações são divididas entre aquelas que uma pessoa livre deve praticar e aquelas que não deve, e, portanto, isso nos proporciona uma limitação no aprendizado de artes úteis". Ele prossegue mostrando que nenhum ofício é cavalheiresco se afetar o corpo de forma prejudicial ou escravizar a mente ao ser praticado por encomenda. Mesmo as belas artes, se estudadas dessa forma ou profissionalmente, são, para ele, uma ocupação indigna e só devem ser praticadas na juventude como recreação ou treinamento estético; de modo que, na meia-idade, as pessoas possam ser juízes competentes de tais produções, e mais capazes de apreciá-las (como na música) ou menos propensos a serem enganados (como na compra de obras de arte). Depois de aplicar esses princípios ao atletismo, sobre o qual ele pouco diz, a não ser recomendando moderação e contra qualquer treinamento profissional, ele se volta para a questão da música, sobre a qual já apresentamos as opiniões que ele tinha em comum com os educadores gregos mais sérios. Também sobre esse assunto houve controvérsia. Ele tem diante de si três teorias: é mera diversão, ou um mecanismo de educação, ou um prazer estético? Talvez tenhamos nos alongado demais sobre essas teorias, mas pareceu desejável dar ao leitor o fundamento da teoria helênica da música, que foi discutida e que, apesar de todos os nossos estudos sobre a vida grega, ainda é bastante estranha e incrível para os teóricos modernos da educação.

Há ainda outro esquema de educação que nos foi deixado pela era clássica da Grécia, a "Educação de Ciro", de Xenofonte, que, na forma de um romance muito tedioso sobre a vida do rei persa, apresenta uma teoria da educação de um príncipe e de seus arredores que pode merecer poucas palavras ao concluir este capítulo. Ele compartilha com Platão e Aristóteles a crença de que a educação privada, com meras leis proibitivas para orientar o cidadão, é insuficiente. Todos os teóricos concordavam que deveria haver uma educação pública e imaginavam que o crime seria em grande parte evitado por esse treinamento eficaz.

Xenofonte, dividindo seu período de educação em infância até os dezesseis anos e juventude até os vinte e seis anos, oferece uma educação escolar pública regular para os meninos, mantendo-os todos juntos em uma espécie de política própria, onde o ensino é ministrado por mestres especiais do Estado, e suas brigas e delinquências resolvidas por tribunais próprios. Aos jovens mais velhos são atribuídos todos os deveres de polícia e patrulha, bem como o acompanhamento do rei na caça, especialmente de animais de rapina. Esse tipo de exercício Xenofonte aprendeu a conhecer no Oriente e reconheceu sua superioridade sobre a ginástica comum. Mas a educação musical, sobre a qual Platão e Aristóteles dão tanta ênfase, ele omite completamente, sem dar suas razões. Talvez ele tenha descoberto, por experiência própria, que os grandes nobres arianos eram homens refinados e compreendiam a harmonia da vida não menos do que os gregos mais teóricos. Ele também difere deles por reconhecer sozinho a importância de um sistema que controlará não uma cidade limitada, mas um império de vários povos e idiomas. Sua educação é, consequentemente, apenas o treinamento caro e exclusivo de uma aristocracia dominante, e não se supõe que seja obrigatória para o cidadão comum. Em seu Estado todas as posições oficiais mais elevadas só podem ser alcançadas por meio desse treinamento.

Não há outras ideias no esquema que o tornem digno de qualquer consideração especial. O sistema espartano cegou a visão de todos esses especuladores e os impediu de compreender o verdadeiro caráter de um desenvolvimento livre e variado do gênio individual.

PLATÃO, OU O FILÓSOFO[9]

Entre os livros, somente Platão tem direito ao elogio fanático de Omar ao Alcorão, quando ele disse: "Queimem as bibliotecas, pois o valor delas está neste livro". Essas frases contêm a cultura das nações, são a pedra angular das escolas, são a fonte das literaturas. É uma disciplina em Lógica, Aritmética, gosto, simetria, poesia, linguagem, retórica, ontologia, moral ou sabedoria prática. Nunca houve tamanha variedade de especulações. De Platão saíram todas as coisas que ainda são escritas e debatidas entre os pensadores. Ele causa grande confusão entre nossas originalidades. Chegamos à montanha da qual se desprenderam todos esses troncos de árvores. A Bíblia dos eruditos há duzentos e vinte anos, todo jovem vigoroso, que diz sucessivamente coisas boas a cada geração relutante – Boécio, Rabelais, Erasmo, Bruno, Locke, Rousseau, Alfieri, Coleridge – é algum leitor de Platão, traduzindo para o vernáculo, de forma espirituosa, suas coisas boas. Mesmo os homens de maior proporção sofrem alguma dedução do infortúnio (devo dizer?) de vir depois desse generalizador exaustivo. Santo Agostinho, Copérnico, Newton, Behmen, Swedenborg, Goethe, são igualmente seus devedores e devem dizer depois dele. Pois é justo creditar ao generalizador mais amplo todas as particularidades deduzíveis de sua tese.

Platão é a filosofia, e a filosofia, Platão – ao mesmo tempo a glória e a vergonha da humanidade, já que nem saxão nem romano conseguiram acrescentar qualquer ideia às suas categorias. Ele não teve esposa nem filhos, e os pensadores de todas as nações civilizadas são sua posteridade e estão tingidos por sua mente. Quantas ilustres pessoas a natureza está incessantemente enviando da noite para fora, para serem seus platonistas! Os alexandrinos, uma constelação de gênios; os elisabetanos, não menos; Sir Thomas More, Henry More, John Hales, John Smith, Lord Bacon, Jeremy Taylor, Ralph Cudworth, Sydenham, Thomas Taylor;

---

9   Título original *Plato, or the philosopher*, capítulo II da obra intitulada *Representative men: seven lectures*, de Ralph Waldo Emerson. Traduzido por: Murilo Oliveira de Castro Coelho.

Marcilius Ficinus e Picus Mirandola. O calvinismo está em seu *Fédon*: o cristianismo está nele. O maometanismo extrai dele toda a sua filosofia, em seu manual de moral, o *Akhlak-y-Jalaly*. O misticismo encontra em Platão todos os seus textos. Esse cidadão de uma cidade na Grécia não é um aldeão nem um patriota. Um inglês lê e diz: "como é inglês!", um alemão – "como é teutônico!", um italiano – "como é romano e como é grego!". Assim como dizem que Helena de Argos tinha aquela beleza universal que todos sentiam em relação a ela, Platão parece, para um leitor da Nova Inglaterra, um gênio americano. Sua ampla humanidade transcende todas as linhas seccionais.

Essa variedade de Platão nos instrui sobre o que pensar da questão incômoda a respeito de suas supostas obras – quais são genuínas e quais são espúrias. É singular o fato de que, sempre que encontramos um homem mais elevado, por uma cabeça inteira, do que qualquer um de seus contemporâneos, é certo que surge a dúvida sobre quais são suas verdadeiras obras. Assim, Homero, Platão, Raffaelle, Shakespeare. Pois esses homens magnetizam seus contemporâneos, de modo que seus companheiros podem fazer por eles o que eles nunca podem fazer por si mesmos, e o grande homem vive assim em vários corpos, escreve ou pinta ou atua por muitas mãos e, depois de algum tempo, não é fácil dizer qual é a obra autêntica do mestre, e qual é apenas de sua escola.

Platão também, como todo grande homem, consumiu a própria época. O que é um grande homem, senão um homem de grandes afinidades, que toma para si todas as artes, ciências, todos os conhecimentos, como seu alimento? Ele não pode poupar nada, e ele pode dispor de tudo. O que não é bom para a virtude é bom para o conhecimento. Por isso, seus contemporâneos o acusam de plágio. Mas o inventor só sabe tomar emprestado, e a sociedade se alegra em esquecer os inúmeros trabalhadores que trabalharam para esse arquiteto e reserva toda a sua gratidão a ele. Quando elogiamos Platão, parece que estamos elogiando citações de Sólon, Sófron de Siracusa e Filolau de Crotona. Que seja assim. Todo livro é uma citação, e toda casa é uma citação de todas as florestas, minas e pedreiras, bem como todo homem é uma citação de todos os seus ancestrais. E esse inventor ganancioso coloca todas as nações sob contribuição.

Platão absorveu o conhecimento de sua época – Filolau, Timeu, Heráclito, Parmênides e muitos outros. Depois, seu mestre, Sócrates, e achando-se ainda capaz de uma síntese maior – além de todos os exemplos da época ou desde então – viajou para a Itália, para obter o que Pitágoras tinha para ele. Depois, para o Egito e, talvez, ainda mais para o leste, para importar o outro elemento que a Europa queria para a mente europeia. Essa amplitude lhe dá o direito de ser o representante da filosofia. Ele diz, na *República*: "Um gênio como o dos filósofos deve necessariamente ter, raramente, em todas as suas partes, se encontra em um homem; mas suas diferentes partes geralmente surgem em pessoas diferentes". Todo homem que deseja fazer algo bem feito deve vir de um ponto mais alto. Um filósofo deve ser mais do que um filósofo. Platão está revestido dos poderes de um poeta, está no lugar mais alto do poeta e (embora eu duvide que ele queria o dom decisivo da expressão lírica) principalmente não é um poeta, porque ele escolheu usar o dom poético para um propósito ulterior.

Os grandes gênios têm as biografias mais curtas. Seus primos não podem dizer nada sobre eles. Eles viviam em seus escritos e, portanto, a vida em casa e na rua era trivial e comum. Se quisermos conhecer seus gostos e tez, o mais admirador de seus leitores é o que mais se assemelha a eles. Platão, especialmente, não tem uma biografia externa. Se ele teve amante, esposa ou filhos, não ouvimos nada sobre eles. Ele transformou todos eles em tinta. Assim como uma boa chaminé queima sua fumaça, um filósofo converte o valor de todas as suas fortunas em seu desempenho intelectual.

Ele nasceu em 430 a.C., mais ou menos na época da morte de Péricles. Era de origem patrícia em sua época e cidade, e dizem que desde cedo teve uma inclinação para a guerra. Em seu vigésimo ano, ao encontrar Sócrates, foi facilmente dissuadido dessa busca e permaneceu por dez anos como seu estudioso, até a morte de Sócrates. Em seguida, foi para Megara, onde aceitou os convites de Dion e de Dionísio para a corte da Sicília e foi para lá três vezes, embora tenha sido tratado com muito capricho. Ele viajou para a Itália e, depois, para o Egito, onde permaneceu por muito tempo. Alguns dizem três, outros dizem treze anos. Diz-se que ele foi mais longe, para a Babilônia, mas isso é incerto. Retornando a Atenas, ele deu aulas na Academia para aqueles que sua fama atraiu para lá, e morreu, conforme recebemos, no ato de escrever, aos oitenta e um anos.

Mas a biografia de Platão é interior. Devemos explicar a suprema elevação desse homem na história intelectual de nossa raça – como acontece que, proporcionalmente à cultura dos homens, eles se tornam seus estudiosos. Assim como nossa Bíblia judaica se implantou na conversa à mesa e na vida doméstica de todos os homens e mulheres das nações europeias e americanas, os escritos de Platão ocuparam todas as escolas de ensino, todos os amantes do pensamento, todas as igrejas, todos os poetas – tornando impossível pensar, em certos níveis, a não ser por meio dele. Ele está entre a verdade e a mente de cada ser humano, e quase imprimiu seu nome e selo à linguagem e às formas primárias de pensamento. Ao lê-lo, fico impressionado com a extrema modernidade de seu estilo e espírito. Aqui está o germe daquela Europa que conhecemos tão bem, em sua longa história de artes e armas. Aqui estão todos os seus traços, já discerníveis na mente de Platão – e em ninguém antes dele. Desde então, ela se espalhou por uma centena de histórias, mas não acrescentou nenhum elemento novo. Essa perpétua modernidade é a medida do mérito em toda obra de arte, uma vez que o autor não foi enganado por nada efêmero ou local, mas sim por traços reais e permanentes. Como Platão chegou a ser a Europa, a filosofia e quase a literatura, é o problema que temos de resolver.

Isso não poderia ter acontecido sem um homem sadio, sincero e católico, capaz de honrar, ao mesmo tempo, o ideal, ou as leis da mente, e o destino, ou a ordem da natureza. O primeiro período de uma nação, assim como de um indivíduo, é o período da força inconsciente. As crianças choram, gritam e batem com fúria, incapazes de expressar seus desejos. Assim que conseguem falar e dizer o que querem, e a razão disso, tornam-se gentis. Na vida adulta, ao passo que as percepções são obtusas, homens e mulheres falam com veemência e de forma superlativa, fazem besteiras e brigam. Suas maneiras são cheias de desespero, sua fala é cheia de juramentos. Assim, com a cultura as coisas se esclarecem um pouco e eles as veem não mais em pedaços e massas, mas distribuídas com precisão, eles desistem dessa veemência fraca e explicam seu significado em detalhes. Se a língua não tivesse sido moldada para a articulação, o ser humano ainda seria um animal na floresta. A mesma fraqueza e carência, em um plano mais elevado, ocorre diariamente na educação de jovens ardentes, homens e mulheres. "Ah! Você não me entende; nunca encontrei ninguém que me entendesse", e eles suspiram e choram, escrevem versos e caminham sozinhos, sem poder expressar seu significado preciso. Em um mês ou dois, graças ao favor de seu bom gênio, eles encontram alguém tão relacionado que ajuda em seu estado vulcânico. Uma vez estabelecida a boa comunicação, eles passam a ser bons cidadãos. É sempre assim. O progresso é a precisão, a habilidade, a verdade por meio da força cega.

Há um momento na história de cada nação em que, saindo dessa juventude bruta, os poderes perceptivos atingem sua maturidade e ainda não se tornaram microscópicos, de modo que o ser humano, nesse instante, estende-se por toda a escala e, com os pés ainda plantados nas imensas forças da noite, conversa, por seus olhos e cérebro, com a criação solar e estelar. Esse é o momento da saúde adulta, o auge do poder.

Essa é a história da Europa, em todos os aspectos, e também na filosofia. Seus primeiros registros, quase desaparecidos, são das imigrações da Ásia, trazendo com elas os sonhos dos bárbaros; uma confusão de noções grosseiras de moral e de filosofia natural, que gradualmente diminuiu, por meio da percepção parcial de professores isolados.

Antes de Péricles, vieram os sete mestres sábios, e temos os primórdios da Geometria, da Metafísica e da Ética, depois os filósofos da natureza, que deduziram a origem das coisas do fluxo ou da água, ou do ar, ou do fogo, ou da mente. Todos misturam a essas causas imagens mitológicas. Por fim, vem Platão, o distribuidor, que não precisa de pintura bárbara, tatuagem ou gritos de guerra, pois ele pode definir. Ele deixa com a Ásia o vasto e o superlativo, ele é a chegada da precisão e da inteligência. "Ele será como um deus para mim, que pode dividir e definir corretamente."

Essa definição é a filosofia. A filosofia é o relato que a mente humana dá a si mesma sobre a constituição do mundo. Dois fatos fundamentais estão sempre na base: i) unidade ou identidade; e ii) variedade. Unimos todas as coisas ao percebermos a lei que as permeia; ao percebermos as diferenças superficiais e as semelhanças profundas. Mas todo ato mental, essa mesma percepção de identidade ou unidade, reconhece a diferença das coisas. Unidade e alteridade. É impossível falar ou pensar sem abranger ambos.

A mente é instada a perguntar por uma causa de muitos efeitos, depois, pela causa disso, e novamente pela causa, mergulhando ainda mais no profundo, segura de que chegará a uma causa absoluta e suficiente – uma causa que será tudo. "No meio do Sol está a luz, no meio da luz está a verdade, e no meio da verdade está o ser imperecível", dizem os Vedas. Toda a filosofia, do leste e do oeste, tem a mesma centripetência[10]. Impelida por uma necessidade oposta, a mente retorna do uno para aquilo que não é uno, mas outro ou muitos; da causa para o efeito; e afirma a existência necessária da variedade, a autoexistência de ambos, já que cada um está envolvido no outro. O problema do pensamento é separar e reconciliar esses elementos estritamente misturados. Sua existência é mutuamente contraditória e exclusiva, cada um deslizando tão rapidamente para dentro do outro que nunca podemos dizer o que é um e o que não é. O Proteus é tão ágil nos terrenos mais altos quanto nos mais baixos, quando contemplamos o único, o verdadeiro, o bom – como nas superfícies e extremidades da matéria. Em todas as nações, há mentes que se inclinam a se concentrar na concepção da unidade fundamental. Os arrebatamentos da oração e o êxtase da devoção perdem todo o ser em um único ser. Essa tendência encontra sua maior expressão nos escritos religiosos do Oriente e, principalmente, nas escrituras indianas, nos Vedas, no Bhagavad Gita e no Vishnu Purana. Esses escritos contêm

---

10 Princípio da Matemática segundo o qual a quantidade motriz de uma força centrípeta é a sua medida, proporcional ao movimento que produz num dado tempo.

pouco mais do que essa ideia, e eles se elevam a níveis puros e sublimes quando a celebram.

O mesmo, o mesmo! O amigo e o inimigo são do mesmo material, o lavrador, o arado e o sulco são do mesmo material, e o material é tal, e tanto, que as variações de formas não têm importância. "Você está apto" (diz o supremo Krishna a um sábio) "a perceber que você não é diferente de mim. Aquilo que eu sou, você é, e isso também é este mundo, com seus deuses, heróis e humanidade. As pessoas contemplam distinções porque estão estupefatas com a ignorância". Os pronomes "eu" e "meu" constituem ignorância. O que é o grande fim de tudo, você aprenderá agora comigo. É a alma – uma em todos os corpos, penetrante, uniforme, perfeita, preeminente sobre a natureza, isenta de nascimento, crescimento e decadência, onipresente, composta de conhecimento verdadeiro, independente, não conectada com irrealidades, com nome, espécie e o resto, no tempo passado, presente e futuro. O conhecimento de que esse espírito, que é essencialmente uno, está em nosso corpo e em todos os outros corpos, é a sabedoria de quem conhece a unidade das coisas. Assim como um ar difuso, passando pelas perfurações de uma flauta, é distinguido como as notas de uma escala, a natureza do grande espírito é única, embora suas formas sejam múltiplas, decorrentes das consequências dos atos. Quando a diferença da forma de investimento, como a de Deus, ou as demais, é destruída, não há distinção". "O mundo inteiro é apenas uma manifestação de Vishnu, que é idêntico a todas as coisas e deve ser considerado pelos sábios como não diferente, mas igual a eles mesmos. Eu não vou nem venho, tampouco minha morada está em qualquer lugar. Nem tu és tu, tampouco outros são outros, nem eu sou eu". Como se ele tivesse dito: "Tudo é para a alma, e a alma é Vishnu; e os animais e as estrelas são pinturas transitórias; e a luz é cal; e as durações são enganosas; e a forma é prisão; e o próprio céu é um engodo". O que a alma busca é a resolução na existência, acima da forma, fora do Tártaro e fora do céu, a libertação da natureza.

Se a especulação tende a uma unidade fantástica, na qual todas as coisas são absorvidas, a ação tende diretamente para trás, para a diversidade. A primeira é o curso da gravitação da mente, ao passo que a segunda é o poder da natureza. A natureza é o múltiplo. A unidade absorve e derrete ou reduz. A natureza abre e cria. Esses dois princípios reaparecem e interpenetram todas as coisas, todos os pensamentos, o um, os muitos. Um é o ser, o outro, o intelecto. Um é a necessidade, o outro, a liberdade. Um, o descanso, o outro, o movimento. Um, o poder, o outro, a distribuição. Um, a força, o outro, o prazer. Um, a consciência, o outro, a definição. Um, o gênio, o outro, o talento. Um, a seriedade, o outro, o conhecimento. Um, a posse, o outro, o comércio. Um, a casta, o outro, a cultura. Um, o rei, o outro, a democracia. Se ousarmos levar essas generalizações um passo adiante e nomear a última tendência de ambos poderíamos dizer que o objetivo de um é escapar da organização, a ciência pura, ao passo que o objetivo do outro é a mais alta instrumentalidade, o uso de meios ou a divindade executiva.

Cada estudante adere, por temperamento e hábito, ao primeiro ou ao segundo desses deuses da mente. Pela religião, ele tende à unidade, já pelo intelecto ou pelos sentidos, aos muitos. Uma unificação muito rápida e um apego excessivo a partes e detalhes são os perigos gêmeos da especulação.

A história das nações corresponde a essa parcialidade. A Ásia é o país da unidade, das instituições inamovíveis, a sede de uma filosofia que se deleita com abstrações, de pessoas fiéis na doutrina e na prática à ideia de um destino surdo, imponderável e imenso. Ela realiza esse destino na instituição social da casta. Por outro lado, o gênio da Europa é ativo e criativo, resiste à casta por meio da cultura. Sua filosofia era uma disciplina, é uma terra de artes, invenções, comércio e liberdade. Se o Oriente amava o infinito, o Ocidente se deleitava com os limites.

A civilidade europeia é o triunfo do talento, a extensão do sistema, a compreensão aguçada, a habilidade adaptativa, o prazer nas formas, o prazer na manifestação, nos resultados compreensíveis. Péricles, Atenas, Grécia, estavam trabalhando nesse elemento com a alegria do gênio ainda não arrefecida por qualquer previsão do prejuízo de um excesso. Eles não viam diante de si nenhuma economia política sinistra, nenhum

Malthus[11] ameaçador, nenhuma Paris ou Londres, nenhuma subdivisão impiedosa de classes – a desgraça dos fabricantes de alfinetes, a desgraça dos tecelões, dos costureiros, dos estoquistas, dos cardadores, dos fiandeiros, dos carvoeiros. Nenhuma Irlanda, nenhuma casta indiana, induzida pelos esforços da Europa para a eliminar. O entendimento estava em seu auge e saúde. A arte estava em sua esplêndida novidade. Eles cortavam o mármore pentélico[12] como se fosse neve, e suas obras perfeitas em arquitetura e escultura pareciam coisas naturais, não mais difíceis do que a conclusão de um novo navio nos estaleiros de Medford ou de novos moinhos em Lowell. Essas coisas estão em andamento e podem ser consideradas garantidas. A legião romana, a legislação bizantina, o comércio inglês, os salões de Versalhes, os cafés de Paris, a usina a vapor, o barco a vapor, o ônibus a vapor, tudo isso pode ser visto em perspectiva, bem como a reunião da cidade, a urna eleitoral, o jornal e a imprensa barata.

No Egito e nas peregrinações orientais, Platão absorveu a ideia de uma única divindade, na qual todas as coisas são absorvidas. A unidade da Ásia e os detalhes da Europa, a infinitude da alma asiática e a Europa definidora, amante de resultados, fabricante de máquinas, buscadora de superfícies e frequentadora de óperas – esse filósofo veio para unir e, por meio do contato, aumentar a energia de cada uma. A excelência da Europa e da Ásia está em seu cérebro. A metafísica e a filosofia natural expressaram o gênio da Europa, uma vez que ele substituiu a religião da Ásia como base.

Em suma, nasceu uma alma equilibrada, perceptiva dos dois elementos. É tão fácil ser grande quanto ser pequeno. A razão pela qual não acreditamos imediatamente em almas admiráveis é porque elas não estão em nossa experiência. Na vida real, elas são tão raras que chegam a ser incríveis. Primordialmente, não há apenas alguma presunção contra

---

11 Thomas Robert Malthus (1766-1834) foi um religioso britânico, matemático e economista, que defendia o rígido controle de natalidade. Afirmava que, ao passo que os meios de subsistências crescem em progressão aritmética, a população cresce em progressão geométrica, e a melhoria da humanidade seria impossível sem limites rígidos para a reprodução.
12 Mármore extraído do Monte Pentélico, em Atenas, Grécia. Foi usado na construção do Partenon, é branco uniforme, com um leve amarelado que à luz do Sol fica dourado.

elas, mas também a mais forte presunção a favor de seu aparecimento. Quer tenham sido ouvidas vozes no céu ou não, quer sua mãe ou seu pai tenham sonhado que o bebê homem era filho de Apolo, quer um enxame de abelhas tenha se instalado em seus lábios ou não, nasceu um homem que podia ver os dois lados de uma coisa. A maravilhosa síntese tão familiar na natureza, o lado de cima e o lado de baixo da medalha de Zeus, a união de impossibilidades que reaparece em todo objeto, seu poder real e seu poder ideal foi agora, também, transferida inteiramente para a consciência de um homem.

A alma equilibrada veio. Se ele amava a verdade abstrata, ele se salvou propondo o mais popular de todos os princípios, o bem absoluto, que governa os governantes e julga o juiz. Se ele fazia distinções transcendentais, ele se fortalecia extraindo todas as suas ilustrações de fontes desprezadas pelos oradores e conversadores educados, de éguas e cachorros, de jarros e canecas; de cozinheiros e pregoeiros, das lojas de oleiros, de médicos de cavalos, de açougueiros e de peixeiros. Ele não consegue perdoar em si mesmo uma parcialidade, mas está decidido a que os dois polos do pensamento apareçam em sua declaração. Seus argumentos e suas sentenças são autopoiéticos e esféricos. Os dois polos aparecem e se tornam duas mãos, para agarrar e se apropriar de seus polos.

Todo grande artista foi assim por síntese. Nossa força é transitória, alternada ou, devo dizer, um fio de duas vertentes. A costa marítima, o mar visto da costa, a costa vista do mar, o gosto de dois metais em contato, e nossos poderes ampliados na aproximação e na partida de um amigo, a experiência da criatividade poética, que não é encontrada em ficar em casa, tampouco em viajar, mas em transições de um para o outro, que devem, portanto, ser habilmente gerenciadas para apresentar o máximo possível de superfície de transição. Esse comando de dois elementos deve explicar o poder e o encanto de Platão. A arte expressa o uno, ou o mesmo pelo diferente. O pensamento procura conhecer a unidade na unidade, a poesia procura mostrá-la pela variedade, ou seja, sempre por meio de um objeto ou símbolo. Platão mantém os dois vasos, um de éter e outro de pigmento, ao seu lado, e invariavelmente usa ambos. As coisas adicionadas às coisas, como estatísticas, história civil, são inventários.

As coisas usadas como linguagem são inesgotavelmente atraentes. Platão vira incessantemente o anverso e o reverso da medalha de Zeus.

Para dar um exemplo. Os filósofos físicos esboçaram cada um a própria teoria do mundo, teorias dos átomos, do fogo, do fluxo, do espírito, bem como teorias mecânicas e químicas em seu gênio. Platão, um mestre da Matemática, estudioso de todas as leis e causas naturais, considera que essas, como causas secundárias, não são teorias do mundo, mas simples inventários e listas. Ao estudo da natureza, portanto, ele acrescenta o dogma: "Vamos declarar a causa que levou o Supremo Ordenador a produzir e compor o Universo. Ele era bom, e aquele que é bom não tem nenhum tipo de inveja. Isento de inveja, ele desejava que todas as coisas fossem, tanto quanto possível, semelhantes a ele. Todo aquele que, ensinado por homens sábios, admitir isso como a causa principal da origem e fundação do mundo, estará na verdade. Todas as coisas são em prol do bem, e ele é a causa de tudo o que é belo". Esse dogma anima e personifica a filosofia de Platão. A síntese que forma o caráter de sua mente aparece em todos os seus talentos. Onde há um grande compasso de inteligência, geralmente encontramos excelências que se combinam facilmente no homem vivo, mas que na descrição parecem incompatíveis. A mente de Platão não deve ser exibida por um catálogo chinês, mas deve ser apreendida por uma mente original no exercício de seu poder original. Nele, o abandono mais livre está unido à precisão de um geômetra. Sua imaginação ousada lhe dá uma compreensão mais sólida dos fatos, assim como os pássaros que voam mais alto têm os ossos alar mais fortes. Seu polimento patrício, sua elegância intrínseca, cercada por uma ironia tão sutil que pica e paralisa, adornam a mais sólida saúde e força de estrutura. De acordo com a antiga frase: "Se Zeus descesse à Terra, ele falaria no estilo de Platão".

Com esse ar palaciano, há, como objetivo direto de várias de suas obras, e permeando o teor de todas elas, uma certa seriedade, que se eleva, na *República* e no *Fedro*, à piedade. Ele foi acusado de fingir estar doente na época da morte de Sócrates. Mas as anedotas que chegaram até nós atestam sua interferência viril perante o povo em nome de seu mestre, já que até o grito selvagem da assembleia para Platão foi preservado, e a indignação com o governo popular, em muitas de suas peças, expressa uma exasperação pessoal. Ele tem uma probidade, uma reverência nativa pela justiça e pela honra, e uma humanidade que o torna sensível às superstições do povo. Além disso, ele acredita que a poesia, a profecia e a alta perspicácia provêm de uma sabedoria da qual o ser humano não é mestre, que os deuses nunca filosofam, mas, por uma mania celestial, esses milagres são realizados. Montado nesses corcéis alados, ele varre as regiões obscuras, visita mundos nos quais a carne não pode entrar, ele viu as almas em sofrimento, ele ouve a condenação do juiz, ele contempla a transmigração penal, os destinos, com a pedra e as tesouras, e ouve o zumbido inebriante de seus fusos.

Mas sua circunspecção nunca o abandonou. Alguém poderia dizer que ele havia lido a inscrição nos portões de Busyrane: "Seja ousado", e no segundo portão: "Seja ousado, seja ousado e sempre seja ousado". Novamente, ele parou bem no terceiro portão: "Não seja muito ousado". Sua força é como o impulso de um planeta em queda, e sua discrição, o retorno de sua curva devida e perfeita – tão excelente é seu amor grego pelos limites e sua habilidade na definição. Ao ler logaritmos não se está mais seguro do que ao seguir Platão em seus voos. Nada pode ser mais frio do que sua cabeça, quando os raios de sua imaginação estão brincando no céu. Ele terminou seu pensamento antes de levá-lo ao leitor, e ele abunda nas surpresas de um mestre literário. Ele tem aquela opulência que fornece, a todo o momento, a arma exata de que precisa. Assim como o rico não usa mais roupas, não dirige mais cavalos, não se senta em mais aposentos do que o pobre, mas tem aquela vestimenta, equipamento ou instrumento adequado para a hora e a necessidade, Platão, em sua abundância, nunca se restringe, mas tem a palavra adequada. Não há, de fato, nenhuma arma em todo o arsenal da inteligência que ele não tenha possuído e usado – épica, análise, mania, intuição, música, sátira e ironia, até o habitual e educado. Suas ilustrações são poesia e suas piadas, ilustrações. A profissão de arte obstétrica de Sócrates é uma boa filosofia, e o fato de ele encontrar a palavra "culinária" e "arte adulatória" para retórica, no *Górgias*, ainda nos presta um serviço substancial. Nenhum orador pode se comparar em efeito com aquele que sabe dar bons apelidos.

Que moderação, que subestimação e que controla seu trovão no meio da tempestade! Ele forneceu ao cortesão e ao cidadão, de forma bem-humorada, tudo o que pode ser dito contra as escolas. "Pois a filosofia é uma coisa elegante, se alguém se intrometer modestamente com ela; mas, se ele estiver familiarizado com ela mais do que o necessário, ela corrompe o ser humano". Ele podia muito bem se dar ao luxo de ser generoso, uma vez que por causa da centralidade e do alcance de sua visão, ele tinha uma fé inabalável. Tal como sua percepção, era seu discurso. Ele brinca com a dúvida e tira o máximo proveito dela, pinta e discute e, de vez em quando, surge uma frase que comove o mar e a terra. A seriedade admirável aparece não apenas em intervalos, no perfeito sim e não do diálogo, mas em explosões de luz. "Eu, portanto, Cálicles, estou persuadido por esses relatos, e considero como posso exibir minha alma perante o juiz em uma condição saudável. Portanto, desconsiderando as honras que a maioria das pessoas valoriza, e olhando para a verdade, vou me esforçar na realidade para viver tão virtuosamente quanto possível e, quando morrer, morrer assim. E convido todos as outras pessoas, na medida de minhas forças, e a vocês também, por sua vez, convido para esta competição, que, afirmo, supera todas as competições daqui".

Ele é um grande homem médio que, ao melhor pensamento, acrescenta proporção e igualdade em suas faculdades, de modo que as pessoas vejam nele os próprios sonhos e vislumbres tornados disponíveis e passíveis de serem vistos como são. Um grande senso comum é sua garantia e qualificação para ser o intérprete do mundo. Ele tem razão, como toda a classe filosófica e poética, mas ele também tem o que eles não têm – esse forte senso de resolução para reconciliar sua poesia com as aparências do mundo e construir uma ponte das ruas das cidades para a Atlântida. Ele nunca omite essa graduação, mas inclina seu pensamento, por mais pitoresco que seja o precipício de um lado, para um acesso por meio da planície. Ele nunca escreve em êxtase ou nos leva ao êxtase poético.

Platão compreendeu os fatos fundamentais. Ele podia se prostrar na terra e cobrir os olhos, enquanto adorava aquilo que não pode ser contado, medido, conhecido ou nomeado, aquilo sobre o qual tudo pode ser afirmado e negado, aquilo "que é entidade e não entidade". Ele o chamou de super essencial. Ele até se prontificou, como no *Parmênides*, a demonstrar que era assim, que esse ser excedia os limites do intelecto. Nenhum homem jamais reconheceu mais plenamente o inefável. Tendo prestado sua homenagem, como pela raça humana, ao ilimitável, ele então ficou ereto e, pela raça humana, afirmou: "E, no entanto, as coisas são compreensíveis!". A Ásia em sua mente foi primeiramente honrada de coração – o oceano de amor e poder, antes da forma, antes da vontade, antes do conhecimento, o mesmo, o bom, o único. Agora, revigorado e fortalecido por essa adoração, o instinto da Europa, ou seja, a cultura, retorna, e ele clama: "No entanto, as coisas são compreensíveis! Elas são inteligíveis porque, sendo de um, as coisas se correspondem. Há uma escala, e a correspondência do céu com a Terra, da matéria com a mente, da parte com o todo, é nosso guia. Assim como existe uma ciência das estrelas, chamada Astronomia, uma ciência das quantidades, chamada Matemática, uma ciência das qualidades, chamada Química, existe também uma ciência das ciências – eu a chamo de Dialética – que é o intelecto distinguindo o falso e o verdadeiro. Ela se baseia na observação da identidade e da diversidade, pois julgar é unir a um objeto a noção que pertence a ele. As ciências, mesmo as melhores, Matemática e Astronomia, são como esportistas, que se apoderam de qualquer presa que se ofereça, mesmo sem poder fazer qualquer uso dela. A Dialética deve ensinar o uso delas. "Isso é de tal ordem que nenhuma pessoa intelectual entrará em qualquer estudo por si só, mas apenas com o objetivo de avançar naquela única ciência que abrange tudo".

"A essência ou peculiaridade do ser humano é compreender o todo, ou aquilo que, na diversidade de sensações, pode ser incluído em uma unidade racional. A alma que nunca percebeu a verdade não pode passar para a forma humana. Eu anuncio às pessoas o intelecto. Eu anuncio o bem de ser interpenetrado pela mente que fez a natureza, o benefício, a saber, com o qual ela pode entender a natureza, que ela fez e faz. A natureza é boa, mas o intelecto é melhor, assim como o legislador é anterior ao legislador. Eu lhes dou alegria, ó filhos dos homens, que a verdade é totalmente saudável, que temos esperança de buscar o que pode ser o próprio ser de tudo. A infelicidade do ser humano é ser impedido de ver a essência e ser preenchido com conjecturas, mas o bem supremo é a realidade, a beleza suprema é a realidade, e toda a virtude e toda a felicidade dependem dessa ciência do real. A coragem nada mais é do que o conhecimento, a mais bela fortuna que pode acontecer ao ser humano é ser guiado por seu demônio para aquilo que é verdadeiramente seu. Esta é a essência da justiça: atender a cada um por si mesmo. A noção de virtude não pode ser alcançada, exceto por meio da contemplação direta da essência divina. Coragem, então, pois a persuasão de que devemos procurar o que não sabemos nos tornará, sem comparação, melhores, mais corajosos e mais diligentes do que se pensássemos que é impossível descobrir o que não sabemos e inútil procurá-lo". Ele assegura uma posição que não pode ser comandada por sua paixão pela realidade, valorizando a filosofia apenas como o prazer de conversar com o ser real.

Assim, cheio do gênio da Europa, ele disse: "Cultura". Ele viu as instituições de Esparta e reconheceu de forma mais genial, pode-se dizer, do que qualquer outro desde então, a esperança da educação. Ele se deleitava com cada realização, com cada desempenho gracioso, útil e verdadeiro. Acima de tudo, com os esplendores do gênio e da realização intelectual. "Toda a vida, ó Sócrates", disse Glauco, "é, para o sábio, a medida de ouvir discursos como esses". Que preço ele atribui aos feitos de talento, aos poderes de Péricles, de Isócrates, de Parmênides! Que preço, acima do preço dos próprios talentos! Ele chamou as várias faculdades de deuses, em sua bela personificação. Que valor ele dá à arte da ginástica na educação. O que à geometria, o que à música, o que à astronomia, cujo poder apaziguador e medicinal ele celebra! No *Timeu*, ele indica o mais alto emprego dos olhos. "Por nós é afirmado que Deus inventou e nos concedeu a visão para este propósito – para que, ao inspecionar os círculos de inteligência nos céus, pudéssemos empregar adequadamente os de nossas mentes, que, embora perturbados quando comparados a outros que são uniformes, ainda estão aliados às suas circulações; e que, tendo assim aprendido, e sendo naturalmente possuidores de uma faculdade de raciocínio correta, poderíamos, imitando as revoluções uniformes da divindade, corrigir nossas peripécias e erros". E na *República*: "Por cada uma dessas disciplinas, um certo órgão da alma é purificado e reanimado, que é cegado e enterrado por estudos de outro tipo; um órgão que vale mais a pena salvar do que dez mil olhos, já que a verdade é percebida apenas por ele".

Ele disse: "Cultura". Mas, primeiro, admitiu sua base e deu um lugar incomensurável às vantagens da natureza. Seus gostos patrícios enfatizavam as distinções de nascimento. A doutrina do caráter orgânico e da disposição é a origem da casta. "Aqueles que estavam aptos a governar, em sua composição a divindade informante misturou ouro; para os militares, prata; ferro e latão para os lavradores e artífices". O Oriente se confirma, em todas as épocas, nessa fé. O Alcorão é explícito sobre esse ponto de casta. "Os homens têm seu metal, como o ouro e a prata. Aqueles de vocês que eram os mais dignos no estado de ignorância, serão os mais dignos no estado de fé, assim que a abraçarem". Platão não foi menos firme. "Das cinco ordens de coisas, apenas quatro podem ser ensinadas na generalidade dos homens". Na *República* ele insiste nos temperamentos dos jovens, como o primeiro dos primeiros.

Um exemplo mais feliz da ênfase dada à natureza está no diálogo com o jovem Teages, que deseja receber lições de Sócrates. Sócrates declara que, se alguns se tornaram sábios por se associarem a ele, não lhe são devidos agradecimentos; mas, simplesmente, enquanto estavam com ele, tornaram-se sábios, não por causa dele. Ele finge não saber como fazer isso. "Ele é adverso a muitos, tampouco aqueles que se associam a mim podem ser beneficiados, aos quais os demônios se opõem, de modo que não me é possível viver com eles. Com muitos, entretanto, ele não me impede de conversar, os quais, no entanto, não são beneficiados de forma alguma por se associarem a mim. Tal, ó Teages, é a associação comigo; pois, se isso agradar a Deus, vocês farão grande e rápida proficiência; não o farão, se Deus não lhes agradar. Julgue se não é mais seguro ser instruído por algum daqueles que têm poder sobre o benefício que concedem aos homens, do que por mim, que me beneficio ou não, conforme possa acontecer". Como se ele tivesse dito: "Não tenho um sistema. Não posso me responsabilizar por você. Você será o que tiver de ser. Se houver amor entre nós, nossa relação será inconcebivelmente deliciosa e lucrativa; caso contrário, seu tempo será perdido e você só me irritará. Eu lhe parecerei estúpido, e a reputação que tenho, falsa. Muito acima de nós, além da sua vontade ou da minha, está essa afinidade ou repulsão secreta. Todo o meu bem é magnético, e eu o educo, não por meio de lições, mas fazendo meu trabalho",

Ele disse: "Cultura". Ele disse: "Natureza". E não deixou de acrescentar: "Há também o divino". Não há pensamento em nenhuma mente, mas ela tende rapidamente a se converter em um poder e organiza uma enorme instrumentalidade de meios. Platão, amante dos limites, amou o ilimitado, viu a ampliação e a nobreza que vêm da própria verdade e do próprio bem, e tentou, como se fosse da parte do intelecto humano, de uma vez por todas, prestar-lhe homenagem adequada – homenagem adequada para a imensa alma receber, e ainda assim homenagem que se torna o intelecto a prestar. Ele disse, então: "Nossas faculdades se estendem ao infinito e retornam a nós de lá. Podemos definir apenas um pequeno caminho, mas aqui está um fato que não pode ser ignorado, e fechar os olhos para ele é suicídio. Todas as coisas estão em uma escala e, se começarmos por onde quisermos, subiremos e subiremos. Todas as coisas são simbólicas, e o que chamamos de resultados são inícios".

Uma chave para o método e a completude de Platão é sua linha duas vezes dividida. Depois de ilustrar a relação entre o bem absoluto e verdadeiro e as formas do mundo inteligível, ele diz: "Que haja uma linha cortada em duas partes desiguais. Corte novamente cada uma dessas duas partes, uma representando o mundo visível e a outra o mundo inteligível, e essas duas novas seções, representando a parte clara e a parte escura desses mundos, você terá, para uma das seções do mundo visível, imagens, isto é, sombras e reflexos; para a outra seção, os objetos dessas imagens, isto é, plantas, animais e as obras de arte e da natureza. Em seguida, divida o mundo inteligível da mesma maneira; uma seção será de opiniões e hipóteses, e a outra seção, de verdades". A essas quatro seções correspondem as quatro operações da alma: conjectura; fé; entendimento; e razão. Assim como toda piscina reflete a imagem do Sol, cada pensamento e coisa nos devolve a imagem e a criatura do bem supremo. O Universo é perfurado por um milhão de canais para sua atividade. Todas as coisas se elevam e se elevam.

Todo o seu pensamento tem essa ascensão. No *Fedro*, Platão ensina que "a beleza é a mais adorável de todas as coisas, excitando a alegria e derramando desejo e confiança por todo o Universo, onde quer que entre; e ela entra, em algum grau, em todas as coisas; mas que há outra, que é muito mais bela do que a beleza, como a beleza é do que o caos; a saber, a sabedoria, que nosso maravilhoso órgão de visão não pode alcançar, mas que, se pudesse ser vista, nos arrebataria com sua perfeita realidade". Ele tem a mesma consideração por ela como a fonte de excelência em obras de arte. "Quando um artífice, na fabricação de qualquer obra, olha para aquilo que sempre subsiste de acordo com o mesmo; e, empregando um modelo desse tipo, expressa sua ideia e poder em sua obra; deve seguir-se que sua produção deve ser bela. Mas quando ele contempla aquilo que nasce e morre, estará longe de ser belo".

O *Banquete* é um ensinamento no mesmo espírito, familiar agora a toda a poesia e a todos os sermões do mundo, de que o amor dos sexos é inicial; e simboliza, a distância, a paixão da alma por aquele imenso lago de beleza que ela existe para buscar. Essa fé na divindade nunca sai de sua mente e constitui a limitação de todos os seus dogmas. O corpo não pode ensinar sabedoria, mas somente Deus. Com o mesmo pensamento, Platão afirma constantemente que a virtude não pode ser ensinada; que ela não é uma ciência, mas sim uma inspiração, e que os maiores bens nos são produzidos por meio da mania e nos são atribuídos por um dom divino.

Isso me leva àquela figura central, que ele estabeleceu na Academia de Atenas, como o órgão por meio do qual toda opinião considerada deve ser anunciada, e cuja biografia ele também trabalhou tanto, que os fatos históricos se perdem na luz da mente de Platão. Sócrates e Platão são a estrela dupla, que os instrumentos mais poderosos não conseguirão separar completamente. Sócrates, novamente, em suas características e gênio, é o melhor exemplo da síntese que constitui o extraordinário poder de Platão.

Sócrates, um homem de origem humilde, mas honesto o suficiente, da história mais comum, de uma hombridade pessoal tão notável a ponto de ser motivo de gracejo em outros – tanto que sua ampla boa natureza e seu gosto requintado por uma piada convidavam à provocação, que certamente seria paga. Os atores o personificavam no palco, os ceramistas copiavam seu rosto feio em seus jarros de pedra. Ele era um sujeito frio, acrescentando ao seu humor um temperamento perfeito e um conhecimento de seu homem, fosse ele quem fosse, com quem conversasse, o que deixava o companheiro aberto a uma derrota certa em qualquer debate – e em debates ele se deliciava imoderadamente. Os jovens gostavam muito dele e o convidavam para suas festas, aonde ele ia para conversar. Ele também sabia beber, uma vez que tinha a cabeça mais forte de Atenas e, depois de deixar toda a festa debaixo da mesa, ia embora, como se nada tivesse acontecido, para começar novos diálogos com alguém que estivesse sóbrio. Em suma, ele era o que nossos compatriotas chamam de velho.

Ele tinha muitos gostos de cidadão, gostava monstruosamente de Atenas, odiava árvores, nunca ia de bom grado além dos muros, conhecia as personagens antigas, valorizava os chatos e filisteus, achava tudo em Atenas um pouco melhor do que em qualquer outro lugar. Ele era simples como um quacre[13] em seus hábitos e fala, usava frases baixas e ilustrações de galos e codornas, panelas de sopa e colheres, noivos e ferradores, e ocupações inomináveis, especialmente quando conversava com qualquer pessoa elegante e sofisticada. Ele tinha uma sabedoria semelhante à de Franklin. Assim, ele mostrou a alguém que tinha medo de ir a pé até Olímpia, que não era mais do que sua caminhada diária dentro de casa, se continuamente estendida, poderia facilmente alcançar.

Velho e simples como era, com seus grandes ouvidos – um grande falador –, corria o boato de que, em uma ou duas ocasiões, na guerra com a Beócia [que aliou-se a Esparta durante a Guerra do Peloponeso], ele havia demonstrado uma determinação que cobriu a retirada de uma tropa; e havia uma história de que, sob o pretexto de insensatez, ele havia, no governo da cidade, quando um dia teve a chance de ocupar um assento

---

13 Membro de seita protestante fundada no século XVII por Jorge Fox (1624-1691), na Inglaterra. Os quacres acreditam na direção do Espírito Santo, não admitem sacramentos, não prestam juramentos, nem mesmo perante a Justiça, não pegam em armas e não admitem hierarquia eclesiástica (QUACRE. **Michaelis**. Disponível em: https://michaelis.uol.com.br/palavra/b9oyG/quacre/. Acesso em: 23 out. 2023).

lá, demonstrado coragem ao se opor individualmente à voz popular, que quase o arruinou. Ele era muito pobre, mas resistente como um soldado e conseguia viver com algumas azeitonas. Geralmente, no sentido mais estrito, a pão e água, exceto quando era recebido por seus amigos. Suas despesas necessárias eram extremamente pequenas, e ninguém poderia viver como ele. Ele não usava roupa de baixo, e sua roupa de cima era a mesma no verão e no inverno. Ele andava descalço, e dizem que, para obter o prazer – que ele adorava – de conversar à vontade o dia todo com os jovens mais elegantes e cultos, de vez em quando ele voltava para sua loja e esculpia estátuas, boas ou ruins, para vender. Seja como for, é certo que ele passou a se deleitar com nada mais do que essa conversa, e que, sob sua pretensão hipócrita de não saber nada, ele atacava e derrubava todos os bons oradores, todos os bons filósofos de Atenas, fossem eles nativos ou estrangeiros da Ásia Menor e das ilhas. Ninguém podia se recusar a conversar com ele, pois ele era tão honesto e realmente curioso para saber; um homem que era voluntariamente confrontado, se não falasse a verdade, e que voluntariamente confrontava os outros, afirmando o que era falso. E não menos satisfeito quando confrontado do que quando confrontava, pois ele não achava que nenhum mal acontecesse às pessoas de tal magnitude como a falsa opinião a respeito do justo e do injusto. Um disputador impiedoso, que não sabia nada, a não ser os limites de sua inteligência conquistadora que ninguém jamais alcançou, cujo temperamento era imperturbável, e a lógica terrível era sempre descontraída e esportiva, tão descuidada e ignorante que desarmava os mais desconfiados e os levava, da maneira mais agradável, a terríveis dúvidas e confusões. Mas ele sempre conhecia a saída. Conhecia-a, mas não a contava. Não havia escapatória. Ele os levava a escolhas terríveis com seus dilemas, e jogava com os aristocratas e os democratas, com suas grandes reputações, como um garoto joga suas bolas. O realista tirano! Mênon discursou mil vezes, longamente, sobre a virtude, diante de muitas companhias, e muito bem, como lhe pareceu; mas, naquele momento, ele não conseguia nem dizer o que é – esse peixe-espinho de um Sócrates o enfeitiçou tanto.

Esse cabeça-dura, cujos conceitos estranhos, brincadeiras e bonomia divertiam os jovens patrícios, enquanto o boato de suas afirmações e gracejos se espalhava todos os dias, revelou-se, em uma sequência, ter uma probidade tão invencível quanto sua lógica, e ser insano ou, pelo menos, sob a cobertura dessa peça, entusiasta de sua religião. Quando acusado perante os juízes de subverter o credo popular, ele afirmou a imortalidade da alma, a recompensa e a punição futuras. E, recusando-se a se retratar, em um capricho do governo popular, foi condenado à morte e enviado à prisão. Sócrates entrou na prisão e tirou toda a ignomínia do lugar, que não poderia ser uma prisão enquanto ele estivesse lá. Críton subornou o carcereiro, mas Sócrates não quis sair por traição. "Qualquer que seja o inconveniente, nada deve ser preferido à justiça. Essas coisas eu ouço como tubos e tambores, cujo som me torna surdo a tudo o que você diz". A fama dessa prisão, a fama dos discursos ali proferidos e a bebida da cicuta são uma das passagens mais preciosas da história da humanidade.

A rara coincidência, em um só corpo feio, do engraçado e do mártir, do habilidoso debatedor de rua e de mercado com o mais doce santo conhecido em qualquer história daquela época, havia impressionado forçosamente a mente de Platão, tão capaz desses contrastes. A figura de Sócrates, por uma necessidade, colocou-se no primeiro plano da cena, como o mais adequado distribuidor dos tesouros intelectuais que ele tinha para comunicar. Foi uma rara ocasião que esse mobilizador da turba e esse erudito de toga se encontrassem para tornar a ambos imortais em sua faculdade mútua. A estranha síntese, no caráter de Sócrates, coroou a síntese na mente de Platão. Além disso, por esse meio, ele foi capaz, de maneira direta e sem inveja, de se valer da inteligência e do peso de Sócrates, aos quais, inquestionavelmente, a própria dívida era grande, e isso derivou novamente sua principal vantagem da arte perfeita de Platão.

Resta dizer que o defeito de poder de Platão é apenas o que resulta inevitavelmente de sua qualidade. Ele é intelectual em seu objetivo. Portanto, em sua expressão, literário. Subindo ao céu, dirigindo-se ao poço, expondo as leis do Estado, a paixão do amor, o remorso do crime, a esperança da alma que se vai – ele é literário, e nunca de outra forma. É quase a única dedução do mérito de Platão, que seus escritos não têm – o que é, sem dúvida, incidente a essa regência do intelecto em sua obra

– a autoridade vital que os gritos dos profetas e os sermões de árabes e judeus iletrados possuem. Há um intervalo, e para a coesão, o contato é necessário.

Não sei o que dizer em resposta a essa crítica, a não ser que chegamos a um fato na natureza das coisas, isto é, um carvalho não é uma laranja. As qualidades do açúcar permanecem com o açúcar, e as do sal, com o sal.

Em segundo lugar, ele não tem um sistema. Os mais queridos defensores e discípulos estão em falta. Ele tentou criar uma teoria do Universo, mas sua teoria não é completa nem evidente. Uma pessoa acha que ele quer dizer isso, e outro, aquilo. Ele disse uma coisa em um lugar, e o contrário em outro. Ele é acusado de não ter conseguido fazer a transição das ideias para a matéria. Aqui está o mundo, sólido como uma noz, perfeito, sem o menor pedaço de caos, sem um ponto ou um fim, sem uma marca de pressa, ou de erro, ou de segundo pensamento; mas a teoria do mundo é uma coisa de retalhos e remendos.

A onda mais longa se perde rapidamente no mar. Platão gostaria de ter um platonismo, uma expressão conhecida e precisa para o mundo, e ela deve ser precisa. Será o mundo passado pela mente de Platão – nada menos que isso. Cada átomo terá a tonalidade platônica; cada átomo, cada relação ou qualidade que você conhecia antes, você conhecerá novamente e encontrará aqui, mas agora ordenado; não a natureza, mas a arte. E você sentirá que Alexandre de fato dominou, com homens e cavalos, alguns países do planeta, mas os países e as coisas de que são feitos os países, os elementos, o próprio planeta, as leis do planeta e dos seres humanos, passaram por esse homem como o pão para o seu corpo, e se tornaram não mais pão, mas corpo. Assim, todo esse pedaço gigantesco se tornou Platão. Ele colocou os direitos autorais no mundo. Essa é a ambição do individualismo. Mas o bocado se mostra grande demais. O bom construtor tem boa vontade de comê-lo, mas é frustrado. Ele cai na tentativa e, ao mordê-la, é estrangulado. O mundo mordido prende o mordedor com seus dentes. Ali ele perece. A natureza inconquistada continua a viver e o esquece. Assim acontece com todos, e assim deve acontecer com Platão. Em vista da natureza eterna, Platão constitui um exercício filosófico. Ele argumenta de um lado e de outro. O erudito mais perspicaz, o discípulo mais amoroso, nunca poderia dizer o que era o platonismo; de fato, textos admiráveis podem ser citados em ambos os lados de cada grande questão dele.

Essas coisas somos forçados a dizer, se tivermos de considerar o esforço de Platão, ou de qualquer filósofo, para dispor da natureza – que não será disposta. Nenhum poder do gênio jamais teve o menor sucesso em explicar a existência. O enigma perfeito permanece. Mas há uma injustiça em assumir essa ambição para Platão. Não pareçamos tratar com leviandade seu venerável nome. As pessoas, na proporção de seus intelectos, admitiram suas reivindicações transcendentes. A maneira de conhecê-lo é compará-lo, não com a natureza, mas com outros homens. Quantas eras já se passaram e ele permanece inalcançado! Uma estrutura principal da inteligência humana, como Karnac[14], ou as catedrais medievais, ou os restos mortais etruscos, requer toda a amplitude da faculdade humana para a conhecer. Acho que ele é mais bem-visto, quando visto com mais respeito. Seu senso se aprofunda, seus méritos se multiplicam, com o estudo. Quando dizemos: aqui está uma bela coleção de fábulas; ou, quando elogiamos o estilo; ou o bom senso; ou a aritmética; falamos como meninos, e muitas de nossas críticas impacientes à dialética, suspeito, não são melhores. A crítica é como nossa impaciência em relação às milhas quando estamos com pressa, apesar de ainda ser melhor que uma milha tenha 1609 metros. O grande olho de Platão proporcionou as luzes e sombras de acordo com o gênio de nossa vida.

---

14 O Templo de Karnak é uma grande-cidade templo, originalmente parte de Tebas, a antiga capital do Egito.

A SUBORDINAÇÃO PLATÔNICA DO INFERIOR AO SUPERIOR[15]
A NATUREZA DA VIRTUDE

O epicurismo nos diz como obter prazer, ao passo que o estoicismo nos diz como suportar a dor. Mas a vida não é tão simples como essas filosofias supõem. Não se trata apenas do problema de obter todo o prazer que pudermos, tampouco de suportar a dor de modo que não a machuque. É uma questão de valor das coisas nas quais encontramos nosso prazer e os valores relativos das coisas pelas quais sofremos. Platão ataca diretamente esse problema maior. Ele diz que o epicurista é como um músico que afina seu violino o máximo que pode sem quebrar as cordas. O músico sábio, ao contrário, reconhece que a afinação é meramente incidental à música, e que quando você já afinou até certo ponto, é mais do que inútil continuar a afiná-lo. Assim como a afinação é para o bem da música e, quando se chega a um ponto em que o instrumento produz música perfeita, é preciso parar de afiná-lo e começar a tocar, quando se chega a um determinado ponto em que se tem um prazer específico, digamos, o de comer, é preciso parar de comer e começar a viver a vida pela qual se come. Platão dá uma resposta semelhante aos estoicos. O estoico, diz ele, é como um médico que dá a seu paciente todo o remédio que pode, e se orgulha de ser um médico melhor do que os outros porque dá a seus pacientes doses melhores e em maior quantidade. O médico sábio dá o remédio até um certo ponto e, depois, para. Esse ponto é determinado pela saúde que o medicamento deve promover. Exatamente assim, é tolice suportar toda a dor que pudermos e nos vangloriarmos de nossa

---

15 Terceiro capítulo da obra do presidente do Bowdoin College, William De Witt Hyde, intitulada *The five great philosophies of life* (As cinco mais importantes filosofias da vida), publicada em Nova York, pela MacMillan Company, em 1924. Título original: *The platonic subordination of lower to higher*, p. 110-159. Traduzido por Murilo Oliveira de Castro Coelho.

capacidade de engolir grandes doses de tribulação e considerá-la boa. Uma pessoa sábia suportará a dor até certo ponto e, quando atingir esse limite, parará. Qual é o ponto? Onde está o limite? A virtude é o ponto até o qual suportar a dor é bom, o limite além do qual suportar a dor se torna um mal. A virtude, portanto, é o bem supremo e faz que tudo o que a promove, prazeroso ou doloroso, seja bom. A virtude faz que tudo o que a impede, prazeroso ou doloroso, seja ruim. O que é, então, a virtude? Em que consiste essa pérola de valor inestimável? Temos nossas duas analogias. A virtude é para o prazer o que a música é para a afinação do instrumento. Assim como a perfeição da música prova a excelência da afinação, a perfeição da virtude justifica os prazeres específicos de que desfrutamos. A virtude está relacionada à resistência à dor, assim como a saúde está relacionada ao uso de medicamentos. A perfeição da saúde prova que, por mais desagradável que seja o remédio, ele ainda assim é bom; e qualquer imperfeição da saúde que possa resultar de muito ou pouco remédio mostra que, na quantidade tomada, o remédio foi ruim para nós. Exatamente da mesma forma, a dor é boa para nós até o ponto em que a virtude a exige. Abaixo ou acima desse ponto, a dor se torna um mal.

Platão não poupou esforços para separar a questão da virtude de suas complicações com recompensas e penalidades, prazeres e dores. Assim como a virtude de um violino não está em seu entalhe ou polimento, mas na música que ele produz, e assim como a virtude de um remédio não está em sua doçura ou ausência de amargor, a virtude do ser humano não tem nada a ver com recompensas e penalidades, prazeres ou dores. Em nosso estudo da virtude, diz Platão, devemos despi-la de todas as recompensas e honras. Na verdade, devemos ir além e mesmo vesti-la com as vestes externas do vício, ou seja, devemos tornar uma pessoa virtuosa pobre, perseguida, abandonada, impopular, desconfiada, injuriada e condenada. Então poderemos ver o que há na virtude que, em todas as circunstâncias concebíveis, a torna superior ao vício. Platão faz um de seus personagens na *República* reclamar que: "Ninguém jamais descreveu adequadamente, em verso ou prosa, a verdadeira natureza essencial da justiça ou da injustiça imanente na alma, invisível a qualquer olho humano ou divino, ou mostrou que, de todas as coisas da alma de um ser humano, a justiça é o maior bem, ao passo que a injustiça é o maior mal. Portanto, não apenas nos prove que a justiça é melhor do que a injustiça, mas mostre o que cada uma delas faz aos seus possuidores, o que faz que uma seja boa e a outra má, seja vista ou não pelos deuses e pelos humanos". Assim, esse filósofo atribui ao ser humano iníquo a habilidade de conquistar uma reputação de retidão, mesmo agindo da forma mais injusta possível. Ele o reveste de poder e glória, fama, família e influência, enche sua vida de prazeres, cerca-o de amigos, alivia-o com facilidade e segurança. Contra esse ser humano que é realmente injusto, mas que tem todas as vantagens decorrentes do fato de ser supostamente justo, ele coloca o ser humano que é realmente justo e o reveste com todas as deficiências decorrentes do fato de ser supostamente injusto. "Que ele seja açoitado e torturado; que seus olhos sejam queimados e, finalmente, depois de sofrer todo tipo de maldade, que ele seja empalado." Então, diz Platão, quando ambos tiverem chegado ao extremo – o da justiça tratado de forma vergonhosa e cruel, o da injustiça tratado de forma honrosa e obsequiosa –, que se julgue qual deles é o mais feliz. Traduzindo a linguagem do "Górgias" e da "República" em equivalentes modernos, tal pensamento ficaria assim: quem preferiríamos ser, uma pessoa que, por meio da manipulação bem-sucedida de esquemas financeiros desonestos, chegou a ser milionária, prefeito de sua cidade, pilar da igreja, ornamento da melhor sociedade, senador de seu estado ou embaixador de seu país em uma corte europeia; ou uma pessoa que, em consequência de sua integridade, conquistou a inimizade de pessoas más no poder e foi enviada em desgraça para a prisão. Uma pessoa com quem ninguém falava, a quem seus melhores amigos haviam abandonado, cujos próprios filhos estavam sendo criados para a reprovar? Qual das duas pessoas preferiríamos ser? E não devemos introduzir nenhuma consideração sobre reviravoltas no futuro. Supondo que a morte acabe com tudo e que não haja Deus para reverter as decisões dos humanos, supondo que essas duas pessoas morram como viveram, sem esperança de ressurreição, qual das duas preferiríamos ser nos próximos quarenta anos de nossas vidas, supondo que depois disso não haja nada?

Platão, em um mito, descrito na *República*, coloca o caso de forma ainda mais forte do que isso. Gyges, um pastor e servo do rei da Lídia, encontrou um anel de ouro que tinha a notável propriedade de tornar seu portador visível quando ele girava a pinça para um lado e invisível quando a girava para o outro. Espantado com esse fato, ele fez várias tentativas com o anel, sempre com o mesmo resultado: quando girava a pinça para dentro, ele se tornava invisível e, quando girava para fora, ele reaparecia. Percebendo isso, ele imediatamente conseguiu ser escolhido como mensageiro para a corte, onde, assim que chegou, seduziu a rainha e, com a ajuda dela, conspirou contra o rei, matou-o e tomou o reino. Platão nos pergunta o que deveríamos fazer se tivéssemos esse anel. Poderíamos fazer o que quiséssemos e ninguém saberia. Poderíamos nos tornar invisíveis, fora do alcance das consequências externas, no instante em que nosso ato fosse realizado. Será que, com esse anel em nosso dedo, permaneceríamos firmes na retidão? Poderíamos confiar em nós mesmos para usar esse anel dia e noite? Será que nos sentiríamos seguros se soubéssemos que nosso vizinho do lado, até nosso amigo mais íntimo, tivesse esse anel e pudesse fazer exatamente o que quisesse conosco, sem nunca ser pego? Podemos dizer por que um homem com esse anel em seu dedo não deve cometer nenhum ato injusto, cruel, impuro ou desonroso?

JUSTIÇA EM GRANDE ESCALA

A *República* é a resposta de Platão a essa pergunta. Por que, você pode perguntar, ele nos daria um tratado sobre política em resposta a uma questão de caráter pessoal? Porque o Estado é simplesmente o indivíduo em tamanho grande e, como podemos ler letras grandes com mais facilidade do que letras pequenas, chegaremos mais facilmente ao princípio da retidão se primeiro considerarmos o que ele é nas letras grandes do Estado. Ao apresentar essa analogia do Estado, traduzirei livremente os ensinamentos de Platão em seu equivalente moderno. Qual é, então, a diferença entre um Estado justo e um injusto?

Um Estado injusto é aquele em que os trabalhadores de cada segmento estão organizados em um sindicato que usa seu poder para forçar os salários de seus membros a um nível exorbitante e usa intimidação e violência para impedir que qualquer outra pessoa trabalhe por menos ou produza mais do que os padrões fixados pelo sindicato. É um Estado em que os proprietários de capital, em cada ramo da indústria, se unem em trustes ou cartéis supercapitalizados com o objetivo de fazer as pequenas somas que eles colocam no negócio e as somas maiores que eles não colocam, exceto no papel, ganharem lucros e dividendos exorbitantes à custa do público. É um estado em que os políticos estão na política por causa de seus bolsos, usando as oportunidades de contratos vantajosos que os cargos proporcionam e as oportunidades de legislação em favor de esquemas privados para enriquecerem com o dinheiro público, um Estado em que a polícia intimida os outros cidadãos e vende a permissão para cometer crimes a quem der o maior lance. É um Estado em que os acadêmicos se preocupam exclusivamente com os próprios interesses especiais e técnicos e, enquanto as instituições às quais estão ligados forem sustentadas pelas doações de pessoas ricas, pouco se importam com o fato de os pobres serem oprimidos e muitos sofrerem com o uso corrupto da riqueza e o uso egoísta do poder. Esse é o Estado injusto. E em que consiste essa injustiça? Obviamente, no fato de que cada uma das grandes classes do Estado – trabalhadores, capitalistas, policiais, políticos, acadêmicos – vive exclusivamente para si e está pronta para sacrificar os interesses da comunidade como um todo em prol de seus interesses particulares. Agora, um Estado que fosse completamente injusto, no qual todos conseguissem realizar os próprios interesses egoístas à custa de todos os outros, seria intolerável. A ação conjunta seria impossível. Ninguém gostaria de viver em um Estado assim. Deve haver honra mesmo entre ladrões. Caso contrário, o roubo não poderia ser bem-sucedido em uma escala considerável. O problema é que cada parte é colocada em antagonismo contra todas as outras partes, e o todo é sacrificado aos supostos interesses de seus membros constituintes.

O que, então, em contraste com isso, seria um Estado justo? Seria um Estado em que cada uma dessas classes cumprisse bem sua parte, visando ao bem-estar da coletividade. Seria um Estado em que o trabalho seria organizado em sindicatos que não insistiriam em ter os maiores salários possíveis para o menor trabalho possível, mas que manteriam um alto padrão de eficiência, inteligência e caráter nos membros, com o objetivo de fazer o melhor trabalho possível em seu ofício, com salários que os recursos e as necessidades da comunidade, conforme indicado pela ação normal da demanda e da oferta, justificariam. Seria um Estado em que os capitalistas organizariam seus negócios de tal forma que pudessem convidar a inspeção pública para vistoriar a relação entre o capital, o empreendimento, a habilidade, a economia e a indústria, auditando os gastos e os preços que cobram pelas mercadorias fornecidas e pelos serviços prestados. Seria um Estado em que a polícia manteria a ordem e a lei, que são de igual interesse tanto para os ricos quanto para os pobres. Seria um Estado em que os ocupantes de cargos políticos usariam suas posições oficiais e influência para a proteção da vida e promoção dos interesses de todo o povo que eles representam e professam servir. Seria um Estado em que as faculdades e universidades estariam intensamente atentas às questões econômicas, sociais e públicas e dedicariam seu aprendizado à manutenção de condições materiais saudáveis, à distribuição justa da riqueza, à moral sólida e à determinação sábia de políticas públicas.

Em que consiste, então, a diferença entre um Estado injusto e um Estado justo? Simplesmente no seguinte: no Estado injusto cada classe da comunidade está jogando a seu favor e considerando a comunidade como um mero meio para os próprios interesses egoístas como o fim supremo, ao passo que um Estado justo é aquele em que cada classe da comunidade está fazendo seu trabalho da forma mais econômica e eficiente possível, tendo em vista os interesses da comunidade como um todo. No Estado injusto a coletividade está subordinada a cada parte separada. Já no Estado justo cada parte está subordinada aos interesses comuns da coletividade. Se, então, perguntarmos, como fez Adeimantus na *República*, "Onde, então, está a justiça, e em que parte específica do Estado ela deve ser encontrada?", nossa resposta será aquela dada por Sócrates, "que cada homem individual deve ser colocado no uso para o qual a natureza o designa, e cada homem fará o próprio negócio, de modo que toda a cidade não seja muitas, mas uma". A retidão, portanto, no Estado consiste em que cada classe cuide dos próprios negócios com vistas ao bem de toda a sociedade. Sobre isso, que é o princípio fundamental de Platão, todos nós podemos concordar.

Quanto ao método pelo qual o Estado justo deve ser alcançado, provavelmente todos nós devemos divergir profundamente dele. Seu método para garantir a subordinação do que Platão chama de classe baixa da sociedade ao que ele chama de classe alta é a repressão, a força e a fraude. A obediência dos trabalhadores deve ser assegurada pela intimidação, a devoção das classes mais altas deve ser assegurada em parte pela supressão dos instintos e interesses naturais, em parte por uma educação elaborada e prolongada. Os governantes não devem ter propriedades nem esposas e famílias que possam chamar de suas. Esse filósofo tenta obter a devoção ao todo suprimindo as formas mais individuais e especiais de devoção que surgem da propriedade privada e do afeto familiar. Em todos esses detalhes de seu esquema devemos reconhecer francamente que Platão estava profundamente errado. As classes trabalhadoras não podem e não devem ser conduzidas como gado mudo para suas tarefas por uma força externa a elas. A classe dominante, os acadêmicos e os estadistas nunca poderão ser treinados com sucesso para a vida pública desinteressada se lhes forem retirados os interesses e afetos fundamentais dos quais, em longo prazo, todo espírito público se origina e se inspira. Em oposição a esse comunismo baseado na repressão e na supressão pela força e pela fraude, a democracia moderna estabelece uma comunidade de interesses e uma dedicação de recursos pessoais, sejam eles grandes ou pequenos, ao bem comum por parte de cada cidadão de todas as classes. A total inadequação e impraticabilidade dos detalhes dos esquemas comunistas de Platão sobre as esposas e a propriedade de sua classe dominante não deve nos cegar para a profunda verdade de sua definição essencial de justiça em um Estado em que cada classe deve "fazer o trabalho pelo qual recebe o salário" com vistas ao efeito que terá, não apenas sobre si mesma, mas principalmente sobre o bem-estar de todo o Estado, do qual cada classe é um membro que serve e contribui.

Essa verdade essencial de Platão foi adotada por nossa democracia moderna. A diferença é que, enquanto Platão propunha ter inteligência e autoridade em uma classe e obediência e trabalho manual em outra, o problema da democracia moderna é dar uma perspectiva inteligente e de espírito público ao trabalhador e um espírito de trabalho honesto ao acadêmico e ao estadista.

O defeito de Platão está nos arranjos externos pelos quais ele se propôs a garantir a relação correta das partes com o todo. Suas medidas para garantir essa subordinação eram em parte materiais e físicas, em parte visionárias e antinaturais, enquanto as nossas devem ser naturais, sociais, intelectuais e espirituais. Mas ele estabeleceu para sempre o grande princípio de que a devida subordinação das partes ao todo, dos membros ao organismo, das classes à sociedade, dos indivíduos ao Estado é a essência da justiça em um Estado e uma condição indispensável para o bem-estar político.

AS VIRTUDES CARDEAIS

A retidão em um Estado consiste, então, em cada classe cuidar da própria vida e desempenhar sua função específica para o bem do Estado como um todo. A retidão no indivíduo é exatamente a mesma coisa. Há três grandes departamentos na vida de cada pessoa: seus apetites, seu espírito e sua razão. Nenhum deles é bom ou ruim em si mesmo. Nenhum deles deve ter permissão para se estabelecer por conta própria. Qualquer um deles é ruim se agir apenas para si mesmo, independentemente dos interesses do ser como um todo. Vamos examinar esses departamentos em ordem e ver em que consiste o vício e a virtude de cada um deles. Primeiro, os apetites, que no indivíduo correspondem à classe trabalhadora no Estado.

Tomemos o ato de comer como exemplo, lembrando, entretanto, que tudo o que dizemos sobre o apetite por comida é igualmente verdadeiro para todos os outros apetites elementares, como os que se referem à bebida, ao sexo, ao vestuário, à propriedade, à diversão e outros. O epicurista dizia que todos eles são bons se não entrarem em conflito e se contradizerem. O estoico insinuou que todos eles são, se não positivamente ruins, pelo menos tão baixos e sem importância que a pessoa sábia não dará muita atenção a eles. Platão diz que todos são bons em seu lugar e que todos são ruins fora de seu lugar. Qual é, então, o lugar deles? É um lugar de subordinação e serviço ao "eu" como um todo. Qual é o melhor café da manhã: meio quilo de bife, com batatas fritas, omelete, alguns bolos e xarope de bordo, com uma ou duas rosquinhas e um pedaço generoso de torta de carne moída? Ou um pouco de fruta e cereais, um pãozinho e dois ovos?

Intrinsecamente, o primeiro café da manhã é melhor do que o segundo. Ele é mais farto. Ele oferece maior variedade. Leva-se mais tempo para comê-lo. Ele sustentará você por mais tempo. Se você estiver em um hotel conduzido de acordo com o modelo estadunidense, estará recebendo mais pelo seu dinheiro.

A justiça, entretanto, não se preocupa com nenhuma dessas considerações. O que torna um café da manhã melhor do que o outro é a maneira como ele se encaixa na vida como um todo. Qual café da manhã permitirá que você faça o melhor trabalho da manhã? Qual deles lhe dará dor de cabeça aguda e dispepsia crônica? O apetite imediato não pode responder a essas perguntas. A razão é o único de nossos três departamentos que pode nos dizer o que é bom para nosso ser como um todo. Agora, para a maioria das pessoas em circunstâncias comuns, a razão prescreve o segundo café da manhã, ou algo parecido. O segundo café da manhã se encaixa no plano de vida permanente da pessoa. O trabalho a ser feito durante a manhã, os sentimentos que teremos à tarde, a eficiência geral que desejamos manter dia após dia e ano após ano, tudo isso aponta para o segundo desjejum como o mais adaptado para promover o bem-estar do ser como um todo durante toda a história da vida. Se tomarmos o primeiro desjejum, o apetite dominará e a razão será subjugada. O inferior conquistou o superior, a parte dominou o todo. Tomar esse desjejum, para noventa e nove pessoas em cada cem, seria gula. No entanto, embora comê-lo seja perverso, a culpa não está no café da manhã nem no apetite por ele, mas no fato de que o apetite seguiu seu caminho, independentemente dos interesses permanentes de nosso ser como um todo. Até agora, a razão foi destronada e o apetite assumiu o comando em seu lugar. De fato, há circunstâncias em que o primeiro café da manhã seria a escolha certa. Se alguém estivesse nos limites da civilização, partindo para uma longa caminhada pela natureza selvagem, onde cada grama de alimento deveria ser carregado nas costas e não se poderia esperar mais carne fresca e comida caseira por vários dias, até a própria razão poderia prescrever o primeiro café da manhã como mais benéfico para a pessoa do que o segundo. Exatamente o mesmo café da manhã que é bom em um conjunto de circunstâncias torna-se ruim em outro. O apetite bruto da fome obviamente não é bom nem ruim. No entanto, o domínio do apetite sobre a razão e todo o ser é ruim sempre, em todos os lugares e para todos. É nessa elevação da parte inferior do "eu" contra a superior, bem como no sacrifício de nosso ser para uma gratificação específica que consiste todo o vício.

Por outro lado, o domínio da razão sobre o apetite, a gratificação ou a restrição do apetite de acordo com os interesses de nosso ser é sempre, em toda parte e para todos, bom. Essa é a essência da virtude, e a forma específica de virtude que resulta desse controle dos apetites pela razão no interesse do "eu" permanente e total é a temperança – a primeira e mais fundamental das virtudes cardeais de Platão.

O segundo elemento da natureza humana, o espírito, deve ser tratado da mesma forma. Por espírito, Platão quer dizer o elemento de luta em nós, aquilo que nos leva a nos defender, as faculdades de indignação, raiva e vingança. Para tornar isso concreto, tomemos um caso. Suponhamos que a cozinheira de nossa residência tenha momentos de descuido, irritação, atrevimento, malícia e desobediência. O espírito interior nos leva a repreendê-la, a brigar com ela e, quando ela se torna mais insolente e impertinente, a dispensá-la. Esse exercício do espírito é um ato virtuoso? Pode ser virtuoso ou pode ser vicioso. Nesse elemento, considerado em si mesmo, não há mais virtude ou vício do que na consideração do exemplo do apetite. É novamente uma questão de como esse ato específico desse lado específico de nossa natureza está relacionado ao nosso ser como um todo. O que diz a razão?

Se eu mandar essa cozinheira embora, ficarei um longo tempo sem nenhuma e, depois de muita irritação, provavelmente terei de aturar outra que não seja tão boa? Minha casa ficará confusa? A hospitalidade se tornará impossível? O poder de trabalho dos membros de minha casa será prejudicado pela falta de alimentos bem preparados e prontamente servidos? No estado atual desse problema dos empregados, é bem provável que todas essas coisas e outras piores aconteçam. Consequentemente, a razão declara em termos inequívocos que os interesses do "eu" como um todo exigem a manutenção da cozinheira. No entanto, irrita e aflige nosso espírito manter essa empregada impertinente e desobediente, ouvir suas palavras irritantes e ver seu comportamento insolente. Não importa, diz a razão ao elemento espirituoso em nós. O espírito não foi colocado em nós para que ele possa se divertir por conta própria. Ele foi colocado em nós para proteger e promover os interesses do "eu" como um todo. Você deve suportar pacientemente as falhas acidentais de sua cozinheira e dar respostas suaves às palavras ásperas dela, pois dessa forma você servirá melhor ao "eu" completo que seu espírito lhe deu para defender. Em noventa e nove casos em cem, uma briga com uma cozinheira, por tais motivos, nas condições atuais, seria prejudicial aos interesses do "eu" como um todo. É o sacrifício do todo pela parte, o que, como vimos no caso do apetite, é a essência de todo vício. Só que, nesse caso, o vício não seria a intemperança, mas a covardia, a incapacidade de suportar uma dor transitória e insignificante com paciência e coragem em prol do "eu" como um todo.

Ainda assim, pode haver casos agravados em que a repreensão severa, a discussão e a pronta dispensa podem ser a coisa certa e corajosa a se fazer. Se alguém sentir que essa é uma contribuição que precisa fazer para todo o problema do empregado e, depois de considerar todos os inconvenientes que isso pode acarretar, ainda sentir que a vida como um todo vale mais com esse empregado em particular fora de casa do que dentro dela, então exatamente o mesmo ato, que normalmente seria errado, nesse caso excepcional seria correto. Não é o que você faz, mas como você faz, que determina se uma explosão de raiva é virtuosa ou viciosa. Se todo o seu ser estiver envolvido, se todos os interesses tiverem sido totalmente ponderados pela razão, se, em suma, você estiver totalmente presente quando o fizer, então o ato é virtuoso, e o nome especial dessa virtude do espírito é coragem ou fortaleza. A raiva e a indignação que explodem por conta própria são sempre perversas. A raiva e a indignação devidamente controladas pela razão, no interesse do "eu" total, são sempre boas. Exatamente o mesmo ato externo feito por uma pessoa em um conjunto de circunstâncias é ruim e mostra que o ser humano é cruel, covarde e fraco, ao passo que, se feito por outra pessoa em outras circunstâncias, mostra que ele é forte, corajoso e viril. Virtude e vício são questões de subordinação ou insubordinação dos elementos inferiores aos superiores de nossa natureza; das partes de nosso ser ao todo. A subordinação do apetite à razão nos deu a primeira das quatro virtudes. A subordinação do espírito à razão nos deu a fortaleza, a segunda.

O bem de um cavalo é a força e a velocidade, mas isso, por sua vez, envolve a coordenação de suas partes em um movimento gracioso e livre. O bem de um Estado é a cooperação de todos os seus cidadãos, de acordo com suas diversas capacidades, para a felicidade e o bem-estar de toda a comunidade. A sabedoria do estadista é o poder de ver essa relação ideal dos cidadãos entre si e os meios pelos quais ela pode ser alcançada e conservada. O bem do ser humano individual, da mesma forma, é o trabalho harmonioso de todos os elementos nele, de modo a produzir uma vida satisfatória, sendo a sabedoria a visão dessa vida verdadeiramente satisfatória e das condições para a alcançar. Uma vez que o ser humano viva em um mundo repleto de objetos naturais e de obras de arte, uma vez que ele esteja cercado por outras pessoas e seja membro de um Estado, e uma vez que seu bem-estar dependa do cumprimento de suas relações com esses objetos e pessoas, segue-se que a sabedoria para ver o próprio bem verdadeiro envolverá um conhecimento desses objetos, pessoas e instituições ao seu redor. Portanto, mais da metade da *República* é ocupada com o problema da educação, ou seja, o treinamento das pessoas na sabedoria que consiste no conhecimento do bem.

O ESQUEMA DE EDUCAÇÃO DE PLATÃO

A educação, portanto, na República ideal de Platão, era um assunto para toda a vida e, do início ao fim, prática. Para os guardiões, os homens que deveriam ser governantes ou, como deveríamos dizer, líderes de seus companheiros, ele prescreveu o seguinte curso: desde a primeira infância até a idade de dezessete anos, ou seja, durante os períodos dos Ensinos Fundamental e Médio, ele daria a maior atenção ao que ele chama de música, isto é, literatura, música e artes plásticas, com ciência descritiva popular ou, como chamamos hoje em dia, Artes. Isso, com a Matemática elementar e a Educação Física como acessórios, constituía o currículo dos primeiros dez ou doze anos. Durante todos esses anos, ele enfatiza a boa literatura – boa tanto em substância quanto em forma –, pois as crianças nessa idade são intensamente imitativas. Platão praticamente antecipou os resultados mais recentes do estudo infantil, que nos dizem que a criança constrói toda a substância de sua concepção de si mesma com base em materiais emprestados de outros e incorporados a si mesma por reprodução imitativa que, por sua vez, interpreta e entende os outros somente à medida que puder ejetar esse material emprestado em outras pessoas. Por isso, Platão diz que é de suprema importância que as crianças aprendam a admirar e a amar a boa literatura. O fato de que os professores devem ser capazes de ensinar as crianças a ler, escrever, cifrar e desenhar é um dado adquirido. A principal qualificação, entretanto, seria a capacidade de interpretar a melhor literatura de modo a fazer que as crianças admirem, imitem e incorporem as nobres qualidades que essa literatura incorpora. Na literatura assim ensinada de forma inspiradora na escola, somente aquela que elogiava ações nobres em linguagem nobre deveria ser admitida. Vale a pena repetir a descrição de Platão sobre a boa literatura para as escolas: "Todas as ações de resistência que são representadas ou contadas por homens famosos, essas as crianças devem ver e ouvir. Se imitarem alguma coisa, devem imitar o temperante, o santo, o livre, o corajoso e coisas do gênero; mas não devem retratar ou ser capazes de imitar qualquer tipo de qualidade ou ação de quem é iliberal ou outra baixeza, para que, por imitação, não venham a ser o que imitam. Você nunca observou como as imitações, que começam no início da juventude, finalmente penetram na constituição e se tornam uma segunda natureza do corpo, da voz e da mente?".

"Não sei nada sobre as harmonias, mas quero ter uma que seja guerreira, que soe a palavra ou a nota que um homem corajoso pronuncia na hora do perigo e da determinação severa, ou quando sua causa estiver fracassando e ele for para as feridas ou para a morte ou seja surpreendido por algum outro mal, e em todas essas crises enfrenta os infortúnios com calma e resistência; e outra que pode ser usada por ele em tempos de paz e liberdade de ação, quando não houver pressão da necessidade – expressando súplica, persuasão ou oração a Deus, ou instrução do homem, ou ainda disposição para ouvir persuasão, súplica ou conselho; e que o representa quando ele alcançou seu objetivo, não se deixando levar pelo sucesso, mas agindo com moderação e sabedoria, e concordando com o evento. Peço-lhes que deixem essas duas harmonias: a tensão da necessidade e a tensão da liberdade, a tensão da coragem e a tensão da temperança".

A sabedoria, a terceira das virtudes cardeais de Platão, consiste na supremacia da razão sobre o espírito e o apetite, assim como a temperança e a coragem consistem na subordinação do apetite e do espírito à razão. A sabedoria, portanto, é praticamente a mesma coisa que a temperança e a coragem, só que em uma forma mais positiva e abrangente. A sabedoria é a visão do bem, o verdadeiro fim do ser humano, em prol do qual os elementos inferiores devem ser subordinados. O que é, então, o bem, de acordo com Platão? O bem é o princípio de ordem, proporção e harmonia que une as muitas partes de um objeto na unidade efetiva de um todo orgânico. O bem de um relógio é o perfeito funcionamento conjunto de todas as suas molas, rodas e ponteiros, o que faz que ele mantenha a marcação do tempo. O bem de uma coisa é a função própria e distintiva da coisa. Já a condição para que ela desempenhe sua função é a subordinação de suas partes ao interesse do todo.

Não gostaríamos que nossos guardiões crescessem em meio a imagens de deformidade moral, como em algum pasto nocivo, e ali navegassem e se alimentassem de muitas ervas e flores nocivas, dia após dia, pouco a pouco, até que silenciosamente juntassem uma massa purulenta de corrupção em suas almas. Que nossos artistas sejam antes aqueles que têm o dom de discernir a verdadeira natureza da beleza e da graça. Dessa maneira, nossa juventude viverá em uma terra de saúde, em meio a paisagens e sons belos, e a beleza, a efluência de obras belas encontrará o sentido como uma brisa e insensivelmente atrairá a alma, mesmo na infância, para a harmonia com a beleza da razão. O ritmo e a harmonia encontram seu caminho para os lugares secretos da alma, nos quais se fixam poderosamente, trazendo graça em seus movimentos e tornando a alma graciosa para aquele que é educado corretamente, ou não graciosa se for mal educado. E também porque aquele que recebeu essa verdadeira educação do ser interior perceberá com muita perspicácia as omissões ou falhas na arte ou na natureza, e com um gosto verdadeiro, enquanto elogia e se alegra e recebe em sua alma o bem, e se torna nobre e bom, ele justamente culpará e odiará o mal, agora nos dias de sua juventude, mesmo antes de ser capaz de saber a razão da coisa. E quando a razão vier, ele a reconhecerá e a saudará como um amigo com quem sua educação o tornou familiar há muito tempo.

Assim, de acordo com Platão, a coisa mais importante que um jovem deve ter aos dezessete anos é a admiração por ações nobres, palavras nobres e caráter nobre. O amor pela boa literatura é a espinha dorsal dessa educação básica. Ele também aprovaria o treinamento manual e o estudo da natureza como um meio de apreciar as belas obras de arte e os belos objetos da natureza. De modo geral, Platão é um defensor das mesmas reformas que introduzidas atualmente nas escolas de Ensinos Fundamental e Médio em nome da chamada "nova educação". O que a pessoa ama é mais importante do que o que ela sabe, e o que ela quer fazer e está interessada em tentar fazer é mais importante nesse estágio do que o que ela já fez. A educação infantil deve ser uma introdução ao verdadeiro, ao belo e ao bom na forma de grandes homens, ações corajosas, objetos bonitos e leis benéficas. O desenvolvimento do gosto é mais do que a aquisição de informações, a inspiração da Literatura, da História, da Arte e da Ciência Descritiva é muito mais valiosa do que o aprofundamento além do essencial em Gramática, Geografia e Aritmética.

O programa de Platão para os anos de dezessete a vinte, três dos nossos quatro anos de faculdade, é ainda mais surpreendente, pois está de acordo com certas tendências de nossos dias. Ele separaria os três anos de dezessete a vinte para exercícios de ginástica, incluindo nesses exercícios, no entanto, exercícios militares. Platão apreciava tanto a vantagem quanto a desvantagem dos exercícios atléticos intensos. "O período, seja de dois ou três anos, que passa nesse tipo de treinamento é inútil para qualquer outro propósito, pois o sono e o exercício não são propícios ao aprendizado; e a provação é um dos testes mais importantes a que são submetidos".

Aos vinte anos de idade, Platão selecionava os jovens mais promissores e lhes dava um curso de dez anos de estudo rigoroso da Ciência. Esse estudo sistemático corresponde ao período de graduação e profissionalização na educação moderna, só que ele o estende por dez anos, ao passo que nós o limitamos a três ou quatro. Novamente, aos trinta anos, havia outra seleção daqueles mais firmes em seu aprendizado e mais fiéis em seus deveres militares e públicos, e esses recebiam um curso de cinco anos em Dialética ou Filosofia. Eles eram treinados para ver a relação das ciências especiais entre si e como cada departamento da verdade estava relacionado ao todo. Aos trinta e cinco anos de idade, eles devem ser nomeados para cargos militares e outros. "Dessa forma, eles tinham sua experiência de vida e a oportunidade de experimentar se, quando forem atraídos de todas as formas pela tentação, conseguiriam permanecer firmes ou se agitariam. E quando chegassem aos cinquenta anos de idade, depois de quinze anos desse trabalho de laboratório no serviço público real, ocupando cargos subordinados e aprendendo a distinguir o bem do mal, não como os encontramos em pacotes e rotulados no estudo, mas como estivessem entrelaçados na complicada textura da vida real, aqueles que ainda sobrevivem e se distinguiram em todas as ações e em todo o conhecimento, chegam finalmente à sua formatura. Chegou o momento em que devem elevar os olhos da alma para a luz universal que ilumina todas as coisas e contemplar o bem absoluto, pois esse é o padrão segundo o qual devem ordenar o Estado e a vida dos indivíduos, bem como o restante de suas vidas, fazendo da filosofia sua principal busca; mas, quando chegar sua vez, também trabalhar na política e governar para o bem público".

A sabedoria resultante dessa educação prolongada e elaborada é a terceira das quatro virtudes cardeais de Platão. No Estado ela é o princípio governante, e seus agentes são os filósofos. Como diz Platão em uma passagem famosa: "Até que os filósofos sejam reis, ou até que os reis e príncipes deste mundo tenham o espírito e o poder da filosofia, e até que a grandeza política e a sabedoria se encontrem em uma só, e até que as naturezas comuns que seguem uma delas, excluindo a outra, sejam obrigadas a se afastar, as cidades nunca deixarão de ser doentes, tampouco a raça humana, como eu acredito, e só então este nosso Estado terá uma possibilidade de vida e contemplará a luz do dia". Exatamente assim, nenhum indivíduo atingirá seu verdadeiro Estado até que esse princípio filosófico, que vê o bem, por meio de treinamento, tenha sido tão desenvolvido que possa submeter tanto o apetite quanto o espírito a ele, como um cocheiro controla seus cavalos obstinados.

RETIDÃO, A VIRTUDE ABRANGENTE

Agora temos três das virtudes cardeais: temperança, a sujeição do apetite à razão; fortaleza, o controle do espírito pela razão; e sabedoria, conquistada por meio da educação, a afirmação dos ditames da razão sobre o clamor do apetite e do espírito. Mas onde, em meio a tudo isso, pergunta Platão, está a retidão? Em resposta, ele observa que "quando começamos nossa investigação, há muito tempo, a justiça estava rolando a nossos pés, e nós, tolos que éramos, não a vimos, como as pessoas que andam à procura do que têm nas mãos. A retidão é o aspecto abrangente das três virtudes já consideradas em detalhes. Ela é a causa e a condição final da existência de todas elas. A retidão em um Estado consiste em cada cidadão fazer aquilo para o qual sua natureza está mais perfeitamente adaptada: cuidar dos próprios negócios, em outras palavras, com vistas ao bem do todo. A retidão em um indivíduo, portanto, consiste em ter cada parte de sua natureza dedicada à sua função específica: em ter os apetites obedecendo, em ter o espírito firme em dificuldades e perigos, e em ter a razão governando suprema. Assim, a retidão, que é a subordinação e a coordenação de todas as partes da alma a serviço da alma como um todo, inclui cada uma das outras três virtudes e as compreende todas na unidade da vida orgânica da alma. Pois o homem justo não permite que os vários elementos dentro dele interfiram uns com os outros, mas coloca em ordem a própria vida interior, é seu mestre e está em paz consigo mesmo. Quando ele tiver unido os três princípios dentro de si, e não for mais muitos, mas tiver se tornado uma natureza inteiramente temperada e perfeitamente ajustada, então ele começará a agir, se precisar agir, seja em uma questão de propriedade, seja no tratamento do corpo, ou em alguns assuntos de política ou de negócios privados, mas, em todos os casos, ele pensará e chamará de ação justa e boa, aquela que preserva e coopera com essa condição, e o conhecimento que preside essa sabedoria".

A injustiça, por outro lado, é exatamente o oposto disso. "Então, assumindo a divisão tríplice da alma, a injustiça não deve ser uma espécie de disputa entre essas três partes – uma intromissão e interferência, um levante de uma parte da alma contra toda a alma, uma afirmação de autoridade ilegal, que é feita por um súdito rebelde contra um verdadeiro príncipe, de quem ele é o vassalo natural – esse é o tipo de coisa, a confusão e o erro dessas partes ou elementos em injustiça e intemperança, covardia e ignorância e, em geral, todo vício". Em outras palavras, a justiça e a injustiça "são como a doença e a saúde, estando na alma exatamente como a doença e a saúde estão no corpo. Então, a virtude é a saúde, a beleza e o bem-estar da alma, e o vício é a doença, a fraqueza e a deformidade da alma". Desse ponto de vista, nossa antiga pergunta sobre a vantagem comparativa da justiça e da injustiça responde a si mesma. De fato, a questão de saber se é mais lucrativo ser justo, agir com justiça e praticar a virtude, seja ela vista ou não pelos deuses e pelos humanos, ou ser injusto e agir de forma injusta, mesmo que impune, torna-se, segundo Platão, ridícula. "Se, quando a constituição corporal desaparece, a vida não é mais suportável, embora mimada com todos os tipos de carnes e bebidas, e tendo toda a riqueza e todo o poder, devemos ser informados de que vale a pena ter vida quando a própria essência do princípio vital é minada e corrompida, mesmo que um homem tenha permissão para fazer o que quiser, se ao mesmo tempo ele for proibido de escapar do vício e da injustiça, ou alcançar a justiça e a virtude, visto que agora conhecemos a verdadeira natureza de cada um?".

A retidão, de acordo com Platão, é a condição da saúde e da vida da alma. Abrir mão da retidão por qualquer vantagem externa é cometer a suprema insensatez de vender a própria alma. A retidão é o princípio organizador da alma, e a injustiça é o princípio desorganizador. A saúde e a vida dependem da organização. A desorganização e o vício são sinônimos de doença e morte. Portanto, todos os ganhos aparentes que alguém pode obter nos caminhos da iniquidade envolvem, na verdade, a maior perda possível.

Vimos agora o que é a retidão, seja em um Estado ou em um indivíduo. É a saúde, a harmonia, a beleza e a excelência de todo o Estado ou de todo o ser humano, asseguradas pelo fato de que cada membro se dedica estritamente ao próprio trabalho distinto, com vistas ao bem de todo o Estado ou de todas as pessoas. Assim definido, é algo tão obviamente desejável e essencial que nada mais é digno de ser comparado a ele. Quem quer que se desfaça dela, mesmo em troca das maiores honras externas, vantagens, confortos ou prazeres, está fadado a obter o pior da barganha. No entanto, as pessoas se desfazem dela, e os Estados se desfazem dela. E o oitavo e o nono livros da *República* são dedicados a uma descrição dos quatro estágios de degeneração pelos quais os Estados e os indivíduos passam no caminho descendente da retidão e da virtude para a injustiça e o vício. O desmembramento de uma coisa muitas vezes revela sua natureza de forma tão eficaz quanto a sua junção. Como traçamos as quatro virtudes pelas quais o Estado ou a alma são construídos, será mais esclarecedor para o problema traçar, na conclusão, os quatro estágios pelos quais os seres humanos e os Estados descem à destruição.

OS ESTÁGIOS DA DEGENERAÇÃO

O primeiro degrau é quando, em vez do bem, os seres humanos buscam honra e distinção pessoal. A princípio, a deterioração, seja no Estado ou no indivíduo, é quase imperceptível. Um estadista ambicioso, de modo geral, defenderá, se for perspicaz, as mesmas medidas que o estadista que tem como objetivo o bem-estar do Estado. Pois ele sabe que, ao promover o bem-estar público, obterá com mais eficiência a reputação e a distinção que deseja. No entanto, há uma diferença marcante na atitude mental e, em longo prazo, essa diferença se expressará em ações. Quando se tratar de uma decisão difícil em que o interesse real do Estado estiver em uma direção e as ondas do entusiasmo popular estiverem correndo em uma direção oposta, a pessoa que se preocupa com o bem-estar real do Estado permanecerá firme, ao passo que o indivíduo que se preocupa supremamente com a honra e a distinção estará mais propenso a ceder. Além disso, surgirão disputas e conflitos, pois o indivíduo ambicioso está mais ansioso para fazer algo por si mesmo do que para que a melhor coisa seja feita por outra pessoa. Portanto, o Estado em que os estadistas amam o poder, o cargo e a honra será menos próspero do que o Estado em que eles se dedicam desinteressadamente ao bem público.

Da mesma forma, uma pessoa extremamente cobiçosa de poder e de honra será mais fraca do que a que ama o bem e segue a orientação da razão como suprema, em ambos os aspectos. Ela estará propensa a seguir o clamor da multidão quando souber que não é a voz da razão, e tentará seguir o próprio caminho, mesmo quando souber que o caminho de outra pessoa é melhor do que o seu. Como diz Platão, "ela cede o reino que está dentro dela ao princípio intermediário da contenda e da paixão, e se torna orgulhosa e ambiciosa". Aqui estão, então, os dois testes pelos quais cada indivíduo pode julgar por si mesmo se é ou não um degenerado do primeiro grau. Primeiro, você fará o que a razão lhe mostra ser certo sempre, a qualquer custo, não importando se todas as honras e vantagens estão associadas a fazer algo um pouco diferente desse curso absolutamente correto e razoável? Segundo, você prefere que outra pessoa faça o que é melhor e deixe que ela receba o crédito por isso, em vez de receber todo o crédito por fazer algo não tão bom? O ser humano orgulhoso e ambicioso nunca pode ser totalmente desinteressado em seu serviço para o bem, embora, incidentalmente, a maioria das coisas que ele faz sejam boas. Como diz Platão, "ele não é obstinado pela virtude, tendo perdido seu melhor guardião, [pois ele negligenciou] porque a única coisa que pode preservar a bondade de um homem durante toda a sua vida é a razão combinada com a música".

É um passo curto e fácil, no Estado e no indivíduo, do amor à honra até o amor ao dinheiro como princípio orientador da vida. O lado apetitivo da vida está sempre presente, mesmo nas pessoas mais íntegras. Um ser humano pode estar adormecido, mas nunca está morto. E quando não houver nada mais profundo e vital do que o amor à honra para contê-lo, é certo que ele acordará e sairá por aí. A rivalidade pela honra logo revela o fato de que, direta ou indiretamente, a honra e o cargo podem ser comprados. Então, chega-se ao estado de coisas em que somente os ricos podem obter um cargo ou podem se dar ao luxo de mantê-lo, se for o caso. Isso no Estado é o que Platão chama de oligarquia. A deterioração de um Estado sob essa condição é muito rápida, pois, como ele diz: "Quando a riqueza e a virtude são colocadas juntas na balança, uma sempre sobe enquanto a outra cai. E assim, finalmente, em vez de amar a contenda e a glória, as pessoas se tornam amantes do comércio e do dinheiro, honram e reverenciam o rico e fazem dele um governante, ao mesmo tempo que desonram o pobre". Os males desse governo oligárquico, diz ele, são ilustrados ao se considerar a natureza da qualificação para o cargo e a influência. "Pense no que aconteceria se os pilotos fossem escolhidos de acordo com sua propriedade, e um homem pobre tivesse sua permissão recusada para pilotar, mesmo que fosse o melhor piloto?". O outro defeito é "a divisão inevitável, uma vez que tal Estado não é um, mas dois Estados, um de homens pobres e outro de homens ricos, que vivem no mesmo lugar e sempre conspiram uns contra os outros".

Uma pessoa avarenta é como o Estado governado por ricos. "Não é provável que esse homem acomode os elementos concupiscentes e cobiçosos no trono vago? E quando ele faz que as faculdades do raciocínio e da paixão se sentem no chão obedientemente em ambos os lados, e as ensina a conhecer seu lugar, ele obriga uma a pensar apenas no método pelo qual somas menores podem ser convertidas em somas maiores, e ensina a outra a adorar e admirar as riquezas e os homens ricos. De todas as conversões, nenhuma é tão rápida ou tão segura quanto aquela em que o jovem ambicioso se transforma em avarento".

Em nenhum outro lugar Platão é mais perspicaz ou mais justo do que em seu julgamento sobre o ganhador de dinheiro. Ele diz que, em geral, ele fará o que é certo, será eminentemente respeitável, não cairá em caminhos muito baixos ou desonestos. No entanto, toda a sua bondade terá um caráter forçado, constrangido, artificial e, no fundo, irreal. Ele será bom porque precisa ser, a fim de manter a posição na comunidade da qual depende sua riqueza. Nas palavras do próprio Platão: "Ele coage suas más paixões por um esforço de virtude; não que ele as convença do mal, ou exerça sobre elas a suave influência da razão, mas ele age sobre elas por necessidade e medo, e porque ele treme por suas posses. Esse tipo de homem estará em guerra consigo mesmo: ele será dois homens, não um; mas, em geral, seus melhores desejos prevalecerão sobre os inferiores. Por essas razões, esse tipo de pessoa será mais decente do que muitos; no entanto, a verdadeira virtude de uma alma unânime e harmoniosa estará longe de seu alcance".

O próximo passo para o Estado é o que Platão chama de democracia. Da democracia da inteligência e do autocontrole difundidos por todo o corpo de cidadãos que se prezam, Platão não tinha e não podia ter nenhuma concepção. Por democracia ele se referia ao estado de coisas em que cada pessoa faz o que é certo aos próprios olhos. "Em primeiro lugar, os cidadãos são livres. A cidade é cheia de liberdade e franqueza – lá um homem pode fazer o que quiser. Eles têm uma variedade completa de constituições; e se um homem tem a intenção de estabelecer um Estado, ele deve ir a uma democracia como se fosse a um bazar, onde as vendem, e escolher a que lhe convém. A democracia é uma forma de governo muito flexível e encantadora, cheia de variedade e diversidade, e [talvez essa seja a mais aguda de todas as ideias de Platão] dispensa igualdade a iguais e desiguais".

O indivíduo que corresponde à democracia no Estado é aquele cuja vida é entregue ao desfrute indiscriminado de todos os tipos de prazeres. "Dessa forma, o jovem passa de sua natureza original, que foi treinada na escola da necessidade, para a liberdade e a libertinagem dos prazeres inúteis e desnecessários, colocando o governo de si mesmo nas mãos de um de seus prazeres que oferece e ganha a vez; e quando ele se cansa disso, então nas mãos de outro, e é muito imparcial em seu incentivo a todos eles. Se alguém lhe disser que alguns prazeres são a satisfação de desejos bons e nobres, e outros de desejos maus, e que ele deve usar e honrar alguns e restringir e reduzir outros – sempre que isso lhe for repetido, ele balançará a cabeça e dirá que são todos iguais, e que um é tão honroso quanto outro. Ele vive durante todo o dia, satisfazendo o apetite da hora; e às vezes se deixa levar pela bebida e pelos acordes da flauta; depois, é a favor da abstinência total e tenta emagrecer; em seguida, faz ginástica; às vezes, fica ocioso e negligencia tudo, depois volta a viver a vida de um filósofo; Muitas vezes, ele está na política e se levanta e diz e faz qualquer coisa que possa aparecer; e, se ele tiver empatia por alguém que seja guerreiro, ele vai nessa direção, ou por homens de negócios, mais uma vez, nessa direção. Sua vida não tem ordem nem lei; e esse é o seu modo de vida, que ele chama de alegria, liberdade e felicidade. Há liberdade, igualdade e fraternidade suficientes nele".

A vida de desejo casual, não regulada por nenhum princípio subordinante, é o terceiro estágio da descida para a degradação da alma.

No Estado a democracia passa rápida e inevitavelmente para a tirania. Todo apetite é insaciável. Em um Estado em que cada cidadão faz o que lhe agrada, "todas as coisas estão prontas para explodir com a liberdade; o excesso de liberdade, em Estados ou indivíduos, parece apenas passar para o excesso de escravidão. Então, a tirania surge naturalmente da democracia". Em seguida, Platão prossegue, com uma pena profética, para traçar a evolução do chefe político moderno. Primeiro, desenvolve-se uma classe de pessoas que ganham a vida como políticos profissionais. Em segundo lugar, "há a classe mais rica, que, em uma nação de comerciantes, é geralmente a mais ordeira; são as pessoas mais fáceis de serem espremidas e produzem a maior quantidade de mel para os zangões; essa é chamada de classe rica, e os zangões se alimentam dela. Há também uma terceira classe, composta por trabalhadores que não são políticos e têm pouco para viver; esses, quando reunidos, são a maior e mais poderosa classe em uma democracia; mas a multidão raramente está disposta a se reunir, a menos que receba um pouco de mel. Seus líderes tomam as propriedades dos ricos e dão ao povo o máximo que podem, sem deixar de manter a maior parte para si mesmos. As pessoas sempre têm alguém como campeão que elas elevam à grandeza. Essa é a própria raiz de onde vem um tirano [ou seja, como deveríamos dizer, um chefe]. Quando ele aparece pela primeira vez acima do solo, ele é um protetor. No início, nos primeiros dias de seu poder, ele sorri para todos e saúda a todos; ele, para ser chamado de tirano que está fazendo promessas em público e também em particular, e querendo ser gentil e bom para todos! Assim, a liberdade, saindo de toda ordem e razão, passa para a mais dura e amarga forma de escravidão". A pior forma de governo, de acordo com Platão, é aquela que conhecemos muito bem hoje em dia em nossas grandes cidades: o governo do político profissional que se mantém comprando os votos dos pobres com o dinheiro que arrancou dos ricos. Toda a pretensão de administrar o governo no interesse da comunidade é francamente abandonada. O chefe, ou tirano, como Platão o chama, declara franca e descaradamente que está na política pelo que pode ganhar com isso.

O verdadeiro estadista, o rei filósofo, na frase de Platão, vê e serve ao bem público. A esse governo Platão chama de aristocracia, ou o governo dos melhores para o bem de todos. Logo abaixo vem a timocracia, ou o governo daqueles que ambicionam poder e posição. Em seguida, vem a oligarquia, o governo dos ricos para a proteção dos interesses da classe econômica. Logo abaixo, e como consequência lógica, vem o populismo, que é a nossa palavra para o que Platão chama de democracia – um governo que visa a satisfazer as necessidades imediatas de todos, independentemente de restrições morais, legais ou constitucionais. Por último, e o mais baixo de todos, vem o governo do político profissional que jogou fora toda a pretensão de consideração pelo bem público, toda consideração pela honra, toda lealdade aos ricos e simpatia genuína pelos pobres, e está simplesmente manipulando as formas de governo, obtendo e distribuindo cargos, coletando avaliações e distribuindo subornos, tudo no interesse do próprio bolso. Entre o serviço desinteressado do bem público e essa busca descarada de ganhos privados, Platão diz que não há como parar. Logicamente, Platão está certo, pois, historicamente, ele estava certo na época em que estava escrevendo. A democracia moderna, entretanto, é muito diferente da democracia populista com a qual Platão estava familiarizado e que nossas grandes cidades conhecem muito bem. Uma democracia baseada na inteligência e no espírito público, difundida entre ricos e pobres, estava além dos sonhos mais profundos de Platão. Esse grande experimento que o povo estadunidense, com seu sistema de escolas públicas e seu princípio de igualdade de todos perante a lei, está agora experimentando em uma escala gigantesca.

Correspondendo ao Estado tirânico, surge o indivíduo tirânico. "A fera em nossa natureza leva a melhor e o homem se torna bêbado, luxurioso, apaixonado, os melhores elementos nele são escravizados; e há uma pequena parte dominante que também é a pior e a mais louca. Ele tem a alma de um escravo, e a alma tirânica deve ser sempre pobre e insaciável. Ele é, de longe, o mais miserável de todos os homens. Aquele que é o verdadeiro tirano, independentemente do que os homens possam pensar, é o verdadeiro servo e é obrigado a praticar a maior adulação e servilismo e ser o bajulador da humanidade; ele tem desejos que é realmente incapaz de satisfazer, e tem mais necessidades do que qualquer um, e é realmente pobre se você souber como inspecionar sua alma. Durante toda a sua vida, ele é atormentado pelo medo e está cheio de convulsões e distrações. Assim como o Estado ao qual se assemelha, ele se torna pior por ter poder; ele se torna necessariamente mais ciumento, mais infiel, mais injusto, mais ímpio; ele nutre e alimenta todo sentimento maligno, e a consequência é que ele é supremamente miserável e, assim, torna todos os outros igualmente miseráveis".

A SUPERIORIDADE INTRÍNSECA DA RETIDÃO

Platão primeiro constrói o caráter ideal e mostra que ele consiste no governo justo do princípio inteligente no ser humano sobre o espírito e os apetites. Uma alma assim em harmonia consigo mesma, sob o domínio da razão, é ao mesmo tempo saudável, feliz, bela e boa. Mais tarde, invertendo o processo, ele mostra como a condição boa, bela, verdadeira e saudável da alma pode ser destruída por meio dos passos sucessivos do orgulho, da avareza, da liberdade sem lei, terminando, por fim, no domínio tirano de algum apetite ou paixão que destronou a razão e se estabeleceu como supremo. A consequência de tudo isso é que "o homem mais justo é também o mais feliz, e esse é aquele que é o mais real senhor de si mesmo; o pior e mais injusto homem é também o mais miserável; ele é aquele que é também o maior tirano de si mesmo e o mais completo escravo".

A razão pela qual a vida de um ser humano justo é mais feliz do que a vida de um injusto é que ele tem "uma participação maior na existência pura como um ser mais real. Se houver prazer em ser preenchido com o que está de acordo com a natureza, o que estiver mais preenchido com um ser mais real terá alegria e prazer mais reais e verdadeiros; ao passo que o que participar de um ser menos real ficará menos verdadeira e seguramente satisfeito e participará de um prazer menos verdadeiro e real. Aqueles, portanto, que não conhecem a sabedoria e a virtude, e estão sempre ocupados com a gula e a sensualidade, nunca passam para o verdadeiro mundo superior, tampouco são verdadeiramente preenchidos com o verdadeiro ser nem experimentam o verdadeiro e permanente prazer. Como animais brutos, com os olhos baixos e os corpos curvados para a terra, ou apoiados na mesa de jantar, eles engordam, alimentam-se e reproduzem-se e, em seu amor excessivo por esses prazeres, chutam e batem uns nos outros com chifres e cascos feitos de ferro; matam-se uns aos outros por causa de sua luxúria insaciável, pois se enchem daquilo que não é substancial, e a parte de si mesmos que enchem também é insubstancial e incontinente. Assim, quando toda a alma segue o princípio filosófico, e não há divisão, as várias partes, cada uma delas, faz seu trabalho e é justa, e cada uma delas desfruta de seus melhores e mais verdadeiros prazeres. Mas quando qualquer um dos outros princípios prevalece, ele falha em alcançar o próprio prazer e obriga os outros a perseguir uma sombra de prazer que não é deles".

Tendo chegado a esse ponto, Platão introduz uma figura que carrega todo o ponto de seu argumento. "Você agora modela a forma de uma besta multitudinária e policéfala, com uma cabeça de todos os tipos de animais, mansos e selvagens, fazendo uma segunda forma como a de um leão, e uma terceira de um homem; a segunda menor que a primeira, e a terceira menor que a segunda; então junte-as e deixe as três crescerem em uma. Agora, forme o exterior em uma única imagem, como a de um homem, de modo que aquele que não puder ver o interior possa acreditar que o animal é uma única criatura humana. Ora, a injustiça consiste em banquetear o monstro e fortalecer o leão em um só, de modo a enfraquecer e matar de fome o homem; ao passo que a justiça consiste em fortalecer o homem dentro dele de tal forma que ele possa governar o monstro de muitas cabeças. A retidão submete a besta ao homem, ou melhor, ao deus no homem, e a injustiça é o que submete o homem à besta".

Por fim, Platão resume a discussão antecipando a pergunta que Jesus fez quatro séculos depois: "Como um homem se beneficiaria se recebesse ouro e prata com a condição de escravizar a parte mais nobre de si mesmo à pior? Quem pode imaginar que um homem que vendesse seu filho ou filha como escravo por dinheiro, especialmente se os vendesse nas mãos de homens ferozes e maus, seria o ganhador, por maior que fosse a soma que recebesse? E alguém dirá que ele não é um miserável caloteiro que vende seu ser divino ao que há de mais ímpio e detestável e que não tem piedade? Erífile aceitou o colar[16] como preço pela vida

---

16 Após Hefesto, deus do fogo da mitologia grega, ter apanhado a mulher, a deusa Afrodite, traindo-o com o deus Ares, decidiu amaldiçoar toda a prole que os dois amantes viessem a ter. Dessa traição nasceu Harmonia, a personificação da paz, a quem

de seu marido, mas ele está aceitando um suborno para conseguir uma ruína pior". Ele ainda leva a questão um pouco mais longe e pergunta: "Que proveito terá um homem com a injustiça, mesmo que a sua injustiça não seja detectada? Pois aquele que não é detectado só piora, ao passo que aquele que é detectado e punido tem a parte brutal de sua natureza silenciada e humanizada. O elemento mais gentil nele é liberado e toda a sua alma é aperfeiçoada e enobrecida pela aquisição de retidão, temperança e sabedoria. O homem de entendimento se concentrará nisso como o trabalho da vida. Em primeiro lugar, ele honrará os estudos que imprimem essas qualidades em sua alma e desconsiderará os outros. Em segundo lugar, ele manterá seu corpo sob controle e estará longe de ceder a prazeres brutais e irracionais, e estará sempre desejoso de preservar a harmonia do corpo em prol da concórdia da alma. Ele não se deixará deslumbrar pela opinião do mundo e acumulará riquezas para o próprio e infinito prejuízo. Ele olhará para a cidade que está dentro dele e regulará devidamente suas aquisições e despesas à medida de suas possibilidades, e pela mesma razão aceitará as honrarias que considerar capazes de torná-lo um homem melhor. Ele examinará a natureza da alma e, a com base nessa consideração, determinará qual é a melhor e qual é a pior vida e fará sua escolha, dando o nome de má à vida que tornará sua alma mais injusta, e de boa à vida que tornará sua alma mais justa; pois essa é a melhor escolha– a melhor para esta vida e para depois da morte. Portanto, meu conselho é que nos apeguemos ao caminho celestial e sigamos sempre a retidão e a virtude, considerando que a alma é imortal e capaz de suportar todo tipo de bem e todo tipo de mal; então, viveremos queridos uns pelos outros e pelos deuses, tanto enquanto permanecermos aqui quanto quando, como conquistadores nos jogos que vão em busca de presentes, recebermos nossa recompensa".

Hefesto deu o mais belo colar por ocasião de seu casamento com o herói e fundador da cidade de Tebas, Cadmo. O colar tinha o poder de dar beleza e juventude eterna a quem o possuísse. No entanto, quem o possuísse ficava amaldiçoado e condenado a sofrer tormentas. Polinices, o filho mais novo do rei Édipo com a própria mãe, Jocasta, que disputava com seu irmão Etéocles o direito pelo trono de Tebas, usou o colar de Harmonia para subornar Erífile, que convenceu seu marido Anfiarau a participar do cerco a Tebas, batalha na qual ela mesmo sabia que perderia a vida.

Com esse magnífico tributo à superioridade intrínseca da justiça sobre a injustiça, Platão conclui sua maior obra. A questão de por que uma pessoa deveria fazer o que é certo, mesmo que usasse o anel de Gyges, que o isentaria de todas as consequências externas de seus erros, foi respondida por uma análise minuciosa da natureza da alma e pela demonstração de que a retidão é a organização dos elementos da alma em uma unidade ativa e harmoniosa, na qual consistem sua saúde, beleza, vida e felicidade. Para concluir, tomemos emprestada de outro diálogo de Platão a oração que ele atribui a Sócrates – uma oração breve e simples, mas que, à luz de nosso estudo da *República*, acredito que reconheceremos como um resumo do espírito de seu ensinamento como um todo. "Amado Pan, e todos os deuses que assombram este lugar, deem-me beleza na alma interior; e que o homem exterior e interior sejam unos. Que eu considere os sábios como os ricos; e que eu tenha uma quantidade de ouro que ninguém, a não ser os temperados, possa carregar. Mais alguma coisa? Essa oração, creio eu, é suficiente para mim".

VERDADE E ERRO NO PLATONISMO

Obviamente, esse princípio platônico é muito mais profundo e verdadeiro do que qualquer coisa que tenhamos tido antes. A personalidade que tanto os estoicos quanto os epicuristas almejavam era altamente abstrata – algo a ser conquistado ao se afastar do emaranhado e da complexidade da vida, em vez de conquistar e transformar as condições da existência em expressões de nós mesmos. Epicuro faz algumas incursões de seu acampamento confortável e aconchegante para buscar alimentos. O estoico entra na cidadela da própria autossuficiência e, dessa posição fortificada, desafia o ataque. Platão sai para o campo aberto e combate com firmeza as hostes do apetite, da paixão, da tentação e da corrupção, das quais o mundo exterior e nosso coração interior estão cheios. Nisso ele é fiel à experiência moral da raça. Ele faz seu chamado aos departamentos mais elevados de nossa natureza para entrar no "grande combate da justiça". Sua exigência de rendição instantânea e absoluta que ele apresenta a tudo o que é baixo e sensual dentro de nós, são notas claras e fortes que é bom que cada um de nós ouça e atenda. Para ele, assim como para Carlyle[17], "a vida não é um jogo, mas uma batalha e uma marcha, uma guerra contra principados e potestades. Não é um passeio ocioso por laranjeiras perfumadas e espaços verdejantes e floridos, aguardado pelas musas corais e pelas horas rosadas; é uma peregrinação severa pelas solitudes arenosas, ásperas e ardentes, por regiões de gelo espesso. Ele caminha entre os homens, ama-os com inexprimível e suave piedade, pois eles não podem amá-lo; mas sua alma habita na solidão, nos confins da criação. Todo o Céu e todo o Pandemônio são sua escolta. As estrelas, com seu olhar agudo, das imensidões, enviam-lhe notícias; os túmulos, silenciosos com seus mortos, das eternidades. As profundezas o chamam para as profundezas. Tu, ó mundo, como te protegerás contra esse homem? Nenhuma de suas promoções é necessária para ele. Seu lugar é com as estrelas do Céu; para você pode ser importante, para você pode ser a vida ou a morte; para ele é indiferente se você o coloca na cabana mais baixa ou quarenta pés mais alto no topo de sua estupenda torre alta, enquanto estiver aqui na Terra. Ele não deseja nenhuma de suas recompensas; eis que também não teme nenhuma de suas penalidades. Não podeis contratá-lo com vossos guinéus nem o restringir com vossos gibões e penalidades legais. Não podeis promovê-lo; não podeis impedi-lo. Vossas penalidades, vossas pobrezas, negligências, contumélias – eis que tudo isso é bom para ele. Para esse homem, a morte não é um problema; para esse homem, a vida já é tão séria e terrível, bela e terrível quanto a morte".

Essa é uma nota que apela vigorosamente a todo jovem nobre. Ela foi tocada pelos profetas hebreus e pelos apóstolos cristãos, por Savonarola e Fichte, e por uma série de almas heroicas, mas por ninguém de forma mais clara e convincente do que Platão. É a nota da retidão sincera e agressiva, sem a qual nenhuma personalidade pode ser sólida ou forte. O indivíduo que nunca ouviu essa convocação para ir em frente e vencer os males do mundo exterior e do próprio coração, em nome de uma retidão muito acima de sua realização e da realização do mundo ao seu redor,

---

17 Thomas Carlyle (1795-1881), autor de "Sobre heróis: culto ao herói e o heroico na História", foi um historiador, ensaísta, tradutor e professor escocês que escreveu biografias de ilustres personagens.

como os céus são mais altos do que a Terra, ainda está no estágio inicial do desenvolvimento pessoal.

Por outro lado, há perigo na própria nitidez da antítese que o platonismo faz entre o superior e o inferior. Em sua maior parte, esse perigo está latente no próprio Platão, embora até mesmo nele tenha se manifestado em sua tendência de considerar a vida familiar e a propriedade privada como prejudiciais, em vez de úteis, para o desenvolvimento do caráter segundo o qual a devoção mais ampla ao Estado e à ordem ideal deve, em última análise, repousar.

No neoplatonismo, nas muitas formas de misticismo, em certos aspectos do ascetismo cristão e, principalmente, nas numerosas fases do que hoje se chama de "novo pensamento" o que estava latente em Platão, em sua maior parte, torna-se francamente explícito. Em geral, é um afrouxamento dos laços que nos prendem ao trabalho árduo e ao dever doméstico – um enfraquecimento dos laços que nos ligam aos homens e às mulheres ao nosso lado, a fim de olharmos com mais serenidade para o inefável além das nuvens. Esse platonismo desenvolvido admite que devemos viver de acordo com uma moda neste mundo muito imperfeito, mas diz que nossa verdadeira conversa o tempo todo deve ser no céu. Cada pessoa não passa de uma cópia imperfeita e defeituosa do padrão do bem perfeito depositado no alto. Precisamos comprar e vender, trabalhar e nos divertir, rir e chorar, amar e odiar aqui embaixo, entre as sombras. Mas também precisamos alimentar nossa alma o tempo todo com o bem, o verdadeiro, o belo, que essas sombras humanas distorcidas só servem para esconder. Esses amantes platônicos de algo melhor do que seus maridos ou esposas, ou sócios ou amigos, passam pelo mundo com um sorriso sereno e um ar de outro mundo que, se não investigarmos muito de perto suas vidas domésticas e eficiência nos negócios, não podemos deixar de admirar. Sem dúvida, eles exercem uma influência tranquilizadora à sua maneira, especialmente naqueles que têm a sorte de observá-los a uma pequena distância. Mas não são as pessoas mais confortáveis para se conviver, seja como marido ou esposa, colega ou parceiro de negócios. Louisa Alcott[18] tinha esse tipo platônico em mente quando

---

18 Louisa May Alcott (1832-1888) foi uma escritora, contista e poeta estadunidense que se dedicou principalmente à literatura juvenil.

definiu um filósofo como um homem em um balão, com sua família e amigos segurando as cordas, tentando puxá-lo para a terra.

Boa parte do que se passa por religião é esse neoplatonismo disfarçado com roupas cristãs. Todos os hinos como "Lar feliz", "Paradise" e outros tradicionais semelhantes, que colocam o céu e a eternidade em nítida antítese contra a terra e o tempo, são simplesmente neoplatonismo batizado com fraseologia cristã, e o batismo é por aspersão em vez de imersão.

A *Imitação de Cristo*, de Thomas de Kempis e, na verdade, todos os livros místicos de devoção – dos frades John Tauler, François Fénelon, *Teologia germânica* – estão saturados desse espírito platônico ou neoplatônico. "Você lamentavelmente cairá, se der valor a qualquer coisa mundana". "Portanto, que nada do que você faz lhe pareça grande; que nada seja grandioso, nada de valor ou beleza, nada digno de honra, exceto o que é eterno". "O homem se aproxima tanto mais de Deus quanto mais se afasta de todo conforto terreno". Essas palavras da "Imitação de Cristo" soam bastante ortodoxas aos nossos ouvidos. Mas devemos entender, de uma vez por todas, que é o misticismo neoplatônico, e não o cristianismo essencial, que respira através delas.

Esse tipo de personalidade reduz o mundo a dois elementos mutuamente exclusivos, Deus e o "eu", e não permite reconciliação ou mediação entre eles. Fénelon coloca esse dualismo na forma de um dilema. "Não há meio-termo; devemos referir tudo a Deus ou a nós mesmos; se for para nós mesmos, não temos outro Deus além de nós mesmos; se for para Deus, então não temos interesses egoístas e entramos no autoabandono". Sem dúvida, para fins evangelísticos, a antítese nítida tem grandes vantagens práticas. É uma maneira fácil de chegar ao céu, desprezando a Terra, uma definição fácil do infinito, declarando-o a negação do finito.

Assim como Carlyle representou para nós o lado mais forte do platonismo, seu amigo Emerson[19] servirá para ilustrar a fraqueza que se esconde em meio a toda essa forma de pensar. Ela está tão oculta que difi-

---

19 Ralph Waldo Emerson (1803-1882) foi um famoso escritor, filósofo e poeta estadunidense que se tornou ministro religioso.

cilmente a detectaremos, a menos que estejamos atentos a essa tendência de exaltar o infinito à custa do finito, o universal à custa do particular, e Deus à custa de nosso próximo.

"Mais alto no reino puro, acima do Sol e da estrela, acima do filme cintilante de demônio, você deve subir por amor; na visão onde toda forma em uma só forma se dissolve. Onde coisas diferentes são semelhantes. Onde o bem e o mal, e a alegria e o gemido, e se fundem em um só".

"Assim, somos treinados para um amor que não conhece sexo nem pessoa nem parcialidade. Somos levados a sentir que nossos afetos são apenas tendas de uma noite. Há momentos em que os afetos dominam e absorvem o homem e fazem que sua felicidade dependa de uma pessoa ou de pessoas. Mas os amores e temores calorosos que nos envolvem como nuvens devem perder seu caráter finito e se misturar com Deus para alcançar sua perfeição. Diante daquele céu que nossos pressentimentos nos mostram, não podemos facilmente elogiar qualquer forma de vida que tenhamos visto ou lido. Pressionados em nossa atenção, os santos e semideuses que a história venera cansam e invadem. A alma se entrega, solitária, original e pura, ao solitário, original e puro, que, nessa condição, a habita de bom grado. Quanto mais alto o estilo que exigimos da amizade, é claro que menos fácil é estabelecê-la com carne e sangue. Andamos sozinhos no mundo. Amigos como os que desejamos são sonhos e fábulas. Mas uma esperança sublime anima sempre o coração fiel, de que em outros lugares, em outras regiões do poder universal, almas estão agindo, resistindo, ousando, que podem nos amar e que nós podemos amar".

"Faço com meus amigos o mesmo que faço com meus livros. Gostaria de tê-los onde posso encontrá-los, mas raramente os leio. Devemos ter a sociedade em nossos termos e admiti-la ou excluí-la ao menor motivo. Não posso me dar ao luxo de falar muito com meu amigo. Então, embora eu valorize meus amigos, não posso me dar ao luxo de conversar com eles e estudar suas visões, para não perder as minhas. De fato, me daria uma certa alegria doméstica deixar essa busca elevada, essa astronomia espiritual ou busca de estrelas, e descer para uma simpatia calorosa com você; mas então eu sei bem que sempre lamentarei o desaparecimento de meus poderosos deuses. O verdadeiro amor transcende o objeto indigno e se concentra no eterno, e quando a pobre máscara interposta se desfaz, ele não fica triste, mas se sente livre de tanta terra e sente sua independência mais segura".

Aqui você tem Platão e Thomas de Kempis na elegante vestimenta de um transcendentalista herético. Mas você tem o mesmo dualismo de finito e infinito, perfeito e imperfeito – uma máscara terrestre indigna e em ruínas da qual deve se livrar aqui na Terra, e as estrelas que devem ser buscadas e contempladas no céu.

O combate do superior contra o inferior é um combate no qual todos nós devemos nos engajar e, sem dúvida, para vencer, às vezes precisamos manter as solicitações inferiores a distância. Se, no entanto, o que nos atrai em nome dos conselhos mais elevados for qualquer relaxamento de uma obrigação definida, qualquer alienação do homem ou da mulher que as instituições sociais colocaram mais perto de nós, qualquer deslealdade para com os companheiros simples e associados humildes que a sociedade ou os negócios colocam em nosso caminho, qualquer ruptura dos laços sociais que gerações de autossacrifício e autocontrole laboriosamente teceram, e séculos de experiência aprovaram como benéficos, então é hora de abandonar Platão, ou melhor, aqueles que assumiram usar seu manto, e buscar orientação pessoal para aqueles mestres maiores que transcenderam a antítese entre superior e inferior, que foi a grande missão de Platão tornar tão nítida e clara. O princípio de tal reconciliação nós encontraremos em Aristóteles, ao passo que sua completa realização nós encontraremos em Jesus.

INTRODUÇÃO À FILOSOFIA E AOS ESCRITOS DE PLATÃO[20]

"A filosofia", diz Hiérocles[21], "é a purificação e a perfeição da vida humana. É a purificação, de fato, da irracionalidade material e do corpo mortal; mas a perfeição, em consequência de ser a retomada de nossa própria felicidade e um retorno à semelhança divina. Efetuar essas duas coisas constitui o fundamento da virtude e da verdade. A primeira, exterminando a imoderação das paixões; e a última, introduzindo a forma divina àqueles que são naturalmente adaptados à sua recepção".

Da filosofia assim definida, que pode ser comparada a uma pirâmide luminosa, terminando na divindade, e tendo por base a alma racional do ser humano e suas concepções espontâneas e não pervertidas – dessa filosofia augusta, magnífica e divina, Platão pode ser justamente chamado de líder primário e hierofante[22], por meio do qual, como a luz mística nos recessos mais íntimos de algum templo sagrado, ela brilhou pela primeira vez com esplendor oculto e venerável. De fato, pode-se dizer de toda essa filosofia que ela é o maior bem do qual o ser humano pode participar, pois, se ela nos purifica das impurezas das paixões e nos assemelha à divindade, ela nos confere a felicidade própria de nossa natureza. Por isso, é fácil coletar sua preeminência sobre todas as outras filosofias, bem como mostrar que onde elas se opõem a ela estão erradas, uma vez que,

---

20 Título original: *Introduction to the Philosophy and Writings of Plato*. A introdução geral contida nessa obra, de um conjunto de cinco volumes, elaborada pelo tradutor platonista Thomas Taylor (1758-1835), o primeiro a traduzir todas as obras genuínas de Platão (seus 55 diálogos e 12 epístolas) para o inglês, foi originalmente publicada em 1804. Tradução: Murilo Oliveira de Castro Coelho.
21 Filósofo estoico romano do século II. Hiérocles foi frequentemente confundido com um filósofo neoplatônico alexandrino de mesmo nome. A distinção entre ambos só ocorreu após a descoberta de um papiro (originado provavelmente de Hermópolis, Egito) contendo o tratado "Elementos de ética", o que possibilitou fazer um paralelo desse texto com os outros atribuídos a Hiérocles (DAMASCENO, S. Hiérocles, o adivinho: uma visita do sublime ao grotesco. **Classica - Revista Brasileira De Estudos Clássicos**, v. 9, n. 9/10, p. 163-172, 1997).
22 Termo que designa os sacerdotes da alta hierarquia dos mistérios da Grécia e do Egito.

à medida que contêm qualquer coisa científica estão aliadas a ela, e ainda que, na melhor das hipóteses, são apenas riachos derivados desse vasto oceano de verdade.

Evidenciar que a filosofia de Platão possui essa preeminência, que sua dignidade e sublimidade são incomparáveis, que ela é a mãe de tudo o que enobrece o ser humano e que está fundamentada em princípios que nem o tempo pode obliterar nem o sofisma subverter, é o principal objetivo desta introdução.

Para realizar esse objetivo, em primeiro lugar, apresentarei ao leitor as linhas gerais dos principais dogmas da filosofia de Platão. O empreendimento é, de fato, não menos inovador do que árduo, uma vez que o autor tem de trilhar caminhos que não foram trilhados por mais de mil anos e trazer à luz verdades que, durante esse longo período, estiveram ocultas em grego. Que o leitor, portanto, não se surpreenda com a solidão dos caminhos pelos quais tentarei conduzi-lo, tampouco com a novidade dos objetos que se apresentarão durante a viagem, pois talvez ele possa felizmente se lembrar de que já percorreu a mesma estrada antes, que as cenas lhe eram familiares e que o país pelo qual está passando é sua terra natal. Pelo menos, se sua visão estiver turva e sua memória alheia (pois os objetos que ele encontrará só podem ser vistos pelos olhos mais perspicazes) e sua ausência deles tiver sido lamentavelmente longa, deixe-o implorar o poder da sabedoria,

> Que purifique seus olhos das névoas mortais,
>
> Para que Deus e o homem ele possa ver distintamente.
>
> Que nós também, implorando a assistência do mesmo poder iluminador, iniciemos a jornada solitária.

De todos os dogmas de Platão, o que diz respeito ao primeiro princípio das coisas transcende em sublimidade a doutrina de outros filósofos de uma seita diferente sobre esse assunto, pois essa causa suprema de tudo transcende outras causas. De acordo com Platão, o Deus supremo, que na *República* ele chama de bom, e no *Parmênides* de uno, não está apenas acima da alma e do intelecto, mas é até superior ao próprio ser. Assim, uma vez que tudo o que pode ser conhecido em qualquer aspecto, ou do qual qualquer coisa pode ser afirmada, deve estar conectado à universalidade das coisas, mas a primeira causa está acima de todas as coisas, Platão diz que ela é perfeitamente inefável. A primeira hipótese, portanto, de seu diálogo *Parmênides*, na qual todas as coisas são negadas com base nesse princípio, conclui da seguinte forma "O uno, portanto, não é em nenhum aspecto. É o que parece. Portanto, não é de tal maneira que seja um, pois assim seria ser e participaria da essência; mas, como parece, o um não é um, nem é, se for apropriado acreditar em raciocínios desse tipo. É o que parece. Mas pode alguma coisa pertencer ou ser afirmada daquilo que não é? Como pode? Portanto, nenhum nome pertence a ele, nem discurso, nem qualquer ciência, nem sentido, nem opinião. Não parece que possa. Portanto, não pode ser nomeado, nem falado, nem concebido pela opinião, nem ser conhecido, nem percebido por qualquer ser. É o que parece". E aqui deve ser observado que essa conclusão a respeito do mais alto princípio das coisas, de que ele é perfeitamente inefável e inconcebível, é o resultado de uma série muito científica de negações, na qual não apenas todos os seres sensíveis e intelectuais são negados a ele, mas até as naturezas mais transcendentemente aliadas a ele, sua primeira e mais divina progênie. Pois o que distingue tão eminentemente a filosofia de Platão de outras é o fato de que cada parte dela é marcada com o caráter de ciência. Os vulgares, de fato, proclamam que a divindade é inefável. Como eles não têm conhecimento científico de que ela é assim, isso nada mais é do que uma percepção confusa e indistinta da mais sublime de todas as verdades, como a de uma coisa vista entre o sono e a vigília, como os feácios [na mitologia grega, eram marinheiros hábeis] para Ulisses quando navegava para sua terra natal,

> Que estava diante dele, indistinta e vasta,
>
> Como um amplo escudo em meio aos resíduos da água.

Em suma, uma percepção não científica da natureza inefável da divindade se assemelha à de um ser humano que, ao inspecionar os céus, afirma que a altitude de sua parte mais alta ultrapassa a da árvore mais alta e, portanto, é imensurável. Mas ver isso cientificamente é como um levantamento dessa parte mais alta dos céus pelo astrônomo, pois ele, ao conhecer a altura da mídia entre nós e ela, sabe também cientificamente que ela transcende em altitude não apenas a árvore mais alta, mas os cumes do ar e do éter, a lua e mesmo o próprio Sol.

Vamos, portanto, investigar o que é a ascensão ao inefável, e de que maneira ela é realizada, de acordo com Platão, embasado na última das coisas, seguindo o profundo e mais inquisitivo Damáscio [filósofo da Antiguidade que ficou conhecido como "o último dos neoplatônicos"] como nosso líder nessa árdua investigação. Que nosso discurso também seja comum a outros princípios, e às coisas que procedem deles até o que é último, e que, começando pelo que é perfeitamente eficaz e conhecido pelo sentido, ascendamos ao inefável e estabeleçamos em silêncio, como em um porto, as parturições da verdade a seu respeito. Vamos, então, assumir o seguinte axioma, no qual, como em um veículo seguro, podemos passar com segurança daqui para lá. Digo, portanto, que o dependente é naturalmente anterior ao que demonstra dependência. Porque aquilo que é carente de outro é naturalmente adaptado, por necessidade, para ser subserviente àquilo de que é carente. Mas se eles são mutuamente necessitados um do outro, cada um sendo dependente do outro em um aspecto diferente, nenhum deles será o princípio. O que demonstra dependência é mais adaptado àquilo que é verdadeiramente o princípio. E se ele estiver carente de alguma coisa, de acordo com isso, não será o princípio. Entretanto, é necessário que os princípios sejam exatamente isso, somente o princípio. O dependente, portanto, pertence a isso, e não se deve, de forma alguma, reconhecer que exista algo anterior a ele. Isso, entretanto, seria reconhecido se tivesse alguma conexão com o que demonstra dependência.

Consideremos, então, o corpo (isto é, uma substância triplamente estendida) dotado de qualidade, pois essa é a primeira coisa que podemos realizar, e é sensível. É esse, então, o princípio das coisas? Mas são duas coisas, o corpo e a qualidade que está no corpo como sujeito. Qual delas, portanto, é por natureza anterior? Pois ambos são dependentes das próprias partes, e aquilo que está em um sujeito também demonstra dependência do sujeito. Devemos dizer, então, que o próprio corpo é o princípio da primeira essência? Mas isso é impossível. Pois, em primeiro lugar, o princípio não receberá nada daquilo que é posterior a ele mesmo. Mas o corpo, dizemos, é o receptor da qualidade. Portanto, a qualidade e a subsistência em conjunto a ela não são derivadas do corpo, uma vez que a qualidade está presente no corpo como algo diferente. E, em segundo lugar, o corpo é, em todos os sentidos, divisível, uma vez que suas várias partes são dependentes umas das outras, e o todo é de todas as partes. Como ele é carente, portanto, e recebe sua conclusão de coisas que demonstram dependência, ele não será inteiramente dependente.

Além disso, se não for um só, mas unido, exigirá, como diz Platão, o elemento de ligação. Da mesma forma, é algo comum e sem forma, sendo como se fosse uma certa matéria. Requer, portanto, ornamento e a posse de forma, para que possa não ser meramente corpo, mas um corpo com uma certa qualidade particular, por exemplo, um corpo ardente ou terreno, e, em suma, um corpo adornado e investido de uma qualidade particular. Por isso, as coisas que se agregam a ele, o completam e o adornam. Então, aquilo que acessa é o princípio? Mas isso é impossível. Pois ele não permanece em si mesmo nem subsiste sozinho, mas está em um sujeito do qual também é dependente. Se, no entanto, alguém afirmar que o corpo não é um sujeito, mas um dos elementos de cada um, como o animal tanto em um cavalo quanto em um ser humano, assim também cada um será dependente do outro, ou seja, desse sujeito e daquilo que está no sujeito; ou melhor, o elemento comum, o animal, e as peculiaridades, como o racional e o irracional, serão dependentes. Pois os elementos são sempre dependentes uns dos outros, e aquilo que é composto de elementos é dependente dos elementos. Em suma, essa natureza sensível, e que nos é tão manifesta, não é nem corpo, pois não move por si mesma os sentidos, tampouco qualidade, pois não possui um intervalo proporcional ao sentido. Portanto, aquilo que é o objeto da visão não é nem corpo nem cor, mas o corpo colorido, ou a cor corporalizada, é o motivo da visão. E universalmente, aquilo que é sensível, que é um corpo com uma qualidade particular, é o motivo do sentido. Daí é evidente que a coisa que excita o sentido é algo incorpóreo. Pois se fosse corpo, ainda não seria o objeto do sentido. Portanto, o corpo requer aquilo que é incorpóreo, e aquilo que é incorpóreo, o corpo. Pois uma natureza incorpórea não é, por si só, sensível. É, no entanto, diferente do corpo, porque esses dois possuem prerrogativas diferentes um do outro, e nenhum deles subsiste antes do outro; mas sendo elementos de uma coisa sensível, eles estão presentes um com o outro, um conferindo intervalo àquilo que é vazio de intervalo, mas o outro introduzindo àquilo que é sem forma, variedade sensível investida de forma. Em terceiro lugar, tampouco esses dois juntos são os princípios, uma vez que eles não são interdependentes. Pois eles precisam dos próprios elementos e daquilo que os conduz à geração de uma forma. O corpo não pode efetuar isso, uma vez que é impotente por si mesmo, muito menos a qualidade, uma vez que não é capaz de subsistir separada do corpo em que está, ou junto ao qual tem seu ser. O composto, portanto, ou produz a si mesmo, o que é impossível, pois ele não converge para si mesmo, mas todo ele é disperso, ou não é produzido por si mesmo, e há algum outro princípio anterior a ele.

Que se suponha, então, ser aquilo que é chamado de natureza, sendo um princípio de movimento e repouso, naquilo que é movido e em repouso, essencialmente e não de acordo com o acidente. Isso é algo mais simples e fabrica formas compostas. Se, no entanto, ele estiver nas coisas fabricadas e não subsistir separado ou anterior a elas, mas necessitar delas para seu ser, ele não será dependente, embora possua algo transcendente com relação a elas, ou seja, o poder de modelá-las e fabricá-las. Pois ela tem seu ser junto a eles, e tem neles uma subsistência inseparável, de modo que, quando eles estão, ela é, e não é quando eles não estão, e isso em consequência de estar perfeitamente alinhada a eles, e não ser capaz de sustentar o que é apropriado. O poder de aumentar, nutrir e gerar semelhantes, e o anterior a esses três, ou seja, a natureza, não é totalmente incorpóreo, mas é quase uma certa qualidade de corpo, da qual só difere, pois confere ao composto ser interiormente movido e em repouso. A qualidade daquilo que é sensível transmite aquilo que é aparente na matéria e aquilo que recai sobre o sentido. Mas o corpo transmite o intervalo de todas as formas estendidas, e a natureza, uma energia natural que procede interiormente, seja de acordo com o lugar apenas, seja de acordo com a nutrição, aumento e geração de coisas semelhantes. A natureza, entretanto, é inseparável de um sujeito, e é dependente, de modo que não será, em suma, o princípio, uma vez que demonstra dependência daquilo a que é subordinado. Não será maravilhoso se, sendo um certo princípio, for dependente do princípio acima dele, mas seria maravilhoso se fosse dependente de coisas posteriores a si mesmo, e das quais se supõe ser o princípio.

Com os mesmos argumentos, podemos mostrar que o princípio não pode ser uma alma irracional, seja ela sensível, seja movimento de marcha natural. Aparentemente, ela tem algo separado, juntamente a inimigos impulsivos e gnósticos, ainda assim, ao mesmo tempo, ela está ligada ao corpo, e tem algo inseparável dele, uma vez que é notável converter-se a si mesma em si mesma, mas seu inimigo está misturado com seu sujeito. Evidentemente, sua essência é algo desse tipo, uma vez que, se fosse liberada e livre em si mesma, também evidenciaria um certo inimigo independente, e nem sempre seria convertida em corpo, mas às vezes seria convertida em si mesma. Embora fosse sempre convertida em corpo, ainda assim julgaria e exploraria a si mesma. As energias, portanto, da multidão da humanidade (apesar de estarem familiarizadas com o externo), ainda assim, ao mesmo tempo, exibem o que está separado nelas. Eles consultam como devem se engajar nelas, e observam que a deliberação é necessária, a fim de efetuar ou ser passivo ao bem aparente, ou recusar algo contrário. Mas os impulsos de outros animais são uniformes e espontâneos, são movidos junto aos órgãos sensoriais e requerem apenas os sentidos para que possam obter dos sensíveis o prazer e evitar a dor. Se, portanto, o corpo se comunica no prazer e na dor, e é afetado em certo aspecto por eles, é evidente que as energias psíquicas (isto é, energias pertencentes à alma) são exercidas, misturadas com os corpos, e não são puramente psíquicas, mas também são corpóreas, pois a percepção é do corpo animado, ou da alma corporalizada, embora em tal percepção o idioma psíquico predomine sobre o corpóreo, assim como nos corpos o idioma corpóreo tem domínio de acordo com o intervalo e a subsistência. Como a alma irracional, portanto, tem seu ser em algo diferente de si mesma, até agora ela depende do subordinado, mas uma coisa desse tipo não será o princípio.

Antes dessa essência, vemos uma certa forma separada de um sujeito e convertida em si mesma, como é a natureza racional. Nossa alma, portanto, preside as próprias energias e se corrige. Isso, entretanto, não seria o caso, a menos que ela fosse convertida a si mesma. No entanto, ela não seria convertida a si mesma a menos que tivesse uma essência separada. Portanto, ela não é dependente em relação ao subordinado. Devemos então dizer que ele é o princípio mais perfeito? Porém, ele não exerce todas as suas energias de uma só vez, mas é sempre dependente da maior parte. O princípio, entretanto, não deseja ter nada que dependa, mas a natureza racional é uma essência que carece das próprias energias. Alguém, no entanto, pode dizer que ela é uma essência eterna, e que tem energias essenciais infalíveis, sempre concorrendo com sua essência, de acordo com o movimento e sempre vital, e que, portanto, é dependente; mas o princípio é perfeitamente dependente. A alma, portanto, e que exerce energias mutáveis, não será o princípio mais adequado. Portanto, é necessário que haja algo anterior a isso, que seja em todos os aspectos imutável, de acordo com a natureza, a vida e o conhecimento, e de acordo com todos os poderes e inimigos, tal como afirmamos ser uma essência eterna e imutável, e tal como é muito honrado o intelecto, ao qual Aristóteles, tendo ascendido, pensou ter descoberto o primeiro princípio. O que pode faltar àquilo que compreende perfeitamente em si mesmo suas plenitudes, e do qual nem a adição nem a remoção mudam qualquer coisa pertencente a ele? Ou não é isso também, um e muitos, todo e partes, contendo em si mesmo, coisas primeiras, intermediárias e últimas? As plenitudes subordinadas também necessitam da mais excelente, e a mais excelente da subordinada, e o todo das partes. As coisas relacionadas dependem umas das outras, e o que é primeiro do que é último, pela mesma causa. Não é de si mesmo o que é primeiro. Além disso, o um aqui depende dos muitos, porque tem sua subsistência nos muitos. Ou pode ser dito que esse um é coletivo dos muitos, e isso não por si mesmo, mas em conjunto com eles. Portanto, há muito de dependência nesse princípio, uma vez que o intelecto gera em si mesmo as próprias plenitudes, das quais o todo recebe imediatamente sua conclusão, ele será dependente de si mesmo, não apenas o que é gerado daquilo que gera, mas também o que gera, daquilo que é gerado, a fim de que se complete o todo daquilo que gera totalmente a si mesmo. Além disso, o intelecto compreende e é compreendido, é intelectivo e inteligível para si mesmo, e ambos. Portanto, o intelectual é carente do inteligível, como de seu objeto de desejo, e o inteligível é carente do intelectual, porque deseja ser o inteligível dele. Ambos também são dependentes de qualquer um deles, uma vez que a posse é sempre acompanhada de indigência, da mesma forma que o mundo está sempre presente com a matéria. Portanto, uma certa dependência é naturalmente coessencializada ao intelecto, de modo que ele não pode ser o princípio mais adequado. Devemos, portanto, em seguida, dirigir nossa atenção para o mais simples dos seres, que Platão chama de ser uno? Como não há separação em todo o todo, tampouco qualquer multidão, ou ordem, ou duplicidade, ou conversão a si mesmo, que dependência me parecerá haver no perfeitamente unido? E especialmente que dependência haverá naquilo que é subordinado? Daí o grande Parmênides ter ascendido a esse princípio mais seguro, como o que é mais dependente. Não é, no entanto, necessário aqui atender à concepção de Platão, de que o unido não é o próprio uno, mas aquilo que é passivo a ele? E, sendo esse o caso, é evidente que ele se situa depois do uno, pois se supõe que seja o uno e não o próprio uno. Se também o ser é composto dos elementos ligado e infinito, como aparece no *Filebo* de Platão, diálogo em que ele o chama de aquilo que é misturado, ele será dependente de seus elementos. Além disso, se a concepção de ser é diferente daquela de ser unido, e aquilo que é um todo é tanto unido quanto ser, esses serão dependentes um do outro, e o todo que é chamado de um ser é dependente dos dois. E embora o uno nisso seja melhor do que o ser, ainda assim ele é dependente do ser, para a subsistência de um único ser. Mas se o ser aqui sobrepõe o uno, por assim dizer, forma naquilo que é misturado e unido, assim como o idioma do ser humano naquilo que é coletivamente racional-mortal-animal, assim também o uno será dependente do ser. Se, no entanto, para falar mais apropriadamente, o um é duplo, sendo a causa da mistura, e subsistindo antes do ser, mas aquele conferindo retidão, no ser – se esse for o caso, nem o dependente desertará perfeitamente dessa natureza. Depois de tudo isso, pode-se dizer que o ser será perfeitamente dependente. Pois nem é dependente daquilo que é posterior a si mesmo para sua subsistência, uma vez que o verdadeiramente uno é por si mesmo separado de todas as coisas, tampouco depende daquilo que é inferior ou mais excelente em si mesmo, pois não há nada nele além de si mesmo nem está em falta de si mesmo. Mas é uno, porque não tem nenhuma duplicidade com relação a si mesmo. Sequer a relação de si mesmo consigo mesmo deve ser afirmada do verdadeiramente uno, uma vez que ele é perfeitamente simples. Esse, portanto, é o mais dependente de todas as coisas.

Por isso, é o princípio e a causa de tudo, e ao mesmo tempo é a primeira de todas as coisas. Se essas qualidades, entretanto, estiverem presentes com ele, ele não será o único. Ou não podemos dizer que todas as coisas subsistem no uno de acordo com o uno? E que ambas subsistem nele, bem como outras coisas que afirmamos a respeito dele, por exemplo, o mais simples, o mais excelente, o mais poderoso, o preservador de todas as coisas e o próprio bem? Se essas coisas, no entanto, são verdadeiras para o um, ele também será dependente de coisas posteriores a si mesmo, de acordo com aquelas mesmas coisas que acrescentamos a ele. Pois o princípio é, e se diz que é, o princípio das coisas que dele procedem, e a causa é a causa das coisas causadas, e o primeiro é o primeiro das coisas dispostas, posteriores a ele.

Além disso, o simples subsiste de acordo com uma transcendência de outras coisas, o mais poderoso de acordo com o poder em relação aos seus sujeitos. Já o bom, o desejável e o preservador são assim chamados com referência às coisas beneficiadas, preservadas e desejadas. E se for dito que ela é todas as coisas de acordo com a pressuposição de todas as coisas em si mesma, ela será de fato dita ser assim de acordo com a única, e será ao mesmo tempo a única causa de todas as coisas anteriores a todas, e será assim, e nenhuma outra, de acordo com a única. Portanto, à medida que for o único será dependente, e à medida que for dependente será o primeiro princípio e a raiz estável de todos os princípios. No entanto, à medida que é o princípio e a primeira causa de todas as coisas, e estiver pré-estabelecido como o objeto de desejo de todas as coisas, até agora parece ser, em certo aspecto, dependente das coisas com as quais está relacionado. Ela tem, portanto, se é lícito falar assim, um vestígio último de dependência, assim como, ao contrário, a matéria tem um eco último do dependente, ou uma impressão mais obscura e débil dele. E a linguagem, de fato, parece estar subvertida aqui. Pois, à medida que é o uno, é também dependente, uma vez que o princípio parece subsistir de acordo com o mais dependente e o uno. Ao mesmo tempo, porém, sendo o uno, é também o princípio, e sendo o uno dependente, mas à medida que é o princípio, passa a ser dependente. Portanto, ao ser dependente, embora não de acordo com o mesmo princípio, com relação a ser aquilo que é, demonstra dependência, mas quanto a produzir e a compreender outras coisas em si mesmo é dependente. Essa, entretanto, é a peculiaridade do um, de modo que ele é tanto dependente quanto demonstra dependência de acordo com o um. De fato, ela não é cada uma dessas coisas, de tal forma que a dividimos ao falar dela, mas é uma só. E, de acordo com isso, é tanto outras coisas quanto aquilo que é dependente, pois, como é possível que não seja dependente também sabendo-se que é o único? Assim como são todas as outras coisas que dela procedem. Pois o dependente também é algo que pertence a todas as coisas. Portanto, é preciso investigar outra coisa que não tenha nenhum tipo de dependência. Mas de uma coisa desse tipo não se pode afirmar com verdade que ela é o princípio, sequer se pode dizer que ela é a mais dependente, embora essa pareça ser a mais venerável de todas as afirmações.

Pois isso significa transcendência e uma isenção do dependente. No entanto, não achamos apropriado chamar isso de perfeitamente isento, mas aquilo que é, em todos os aspectos, incapaz de ser apreendido, e sobre o qual devemos estar perfeitamente silenciosos, será o axioma mais justo de nossa concepção na presente investigação. Sequer isso como proferir qualquer coisa, mas como regozijar-se em não proferir, e por isso venerar aquele imenso desconhecido. Esse, então, é o modo de ascensão àquilo que é chamado de primeiro, ou melhor, àquilo que está além de qualquer coisa que possa ser concebida ou tornar-se objeto de hipótese.

Há também outro modo, que não coloca o dependente antes do que demonstra dependência, mas considera o que é dependente de uma natureza mais excelente, como subsistindo secundariamente ao que é mais excelente. Em toda parte, portanto, o que está em capacidade é secundário ao que está em energia. Pois, para que possa avançar para a energia e não permanecer na capacidade em vão, ele requer aquilo que está em energia. O mais excelente nunca floresce da natureza subordinada. Que isso seja definido por nós de acordo com as concepções comuns não pervertidas. A matéria, portanto, tem antes de si mesma a forma material, porque toda a matéria é forma em capacidade, seja a primeira matéria, que é perfeitamente sem forma, seja a segunda, que subsiste de acordo com o corpo vazio de qualidade. Em outras palavras, mera extensão tripla, para a qual é provável que aqueles que primeiro investigaram os sensíveis tenham dirigido sua atenção, e que a princípio parecia ser a única coisa que tinha uma subsistência. A existência daquilo que é comum nos diferentes elementos os persuadiu de que existe um certo corpo sem qualidade. Mas, como entre os corpos desse tipo alguns possuem o princípio governante internamente, e outros externamente, como as coisas artificiais, é necessário, além da qualidade, direcionar nossa atenção para a natureza, como sendo algo melhor do que as qualidades, e que é pré-arranjado na ordem da causa, como é a arte, das coisas artificiais. Das coisas, entretanto, que são governadas interiormente, algumas parecem possuir apenas o ser, mas outras parecem ser nutridas e aumentadas, e geram coisas semelhantes a si mesmas. Há, portanto, outra causa certa anterior à natureza mencionada, ou seja, um poder vegetal em si. Mas é evidente que todas as coisas que são geradas no corpo, como em um sujeito, são por si mesmas incorpóreas, embora se tornem corpóreas pela participação daquilo em que subsistem, de modo que se diz que são, e são materiais em consequência do que sofrem da matéria. As qualidades, portanto, e ainda mais as naturezas, e em um grau ainda maior a vida vegetal, preservam o incorpóreo em si mesmas. Uma vez que o sentido exibe outra vida mais conspícua, pertencente a seres que são movidos de acordo com o impulso e o lugar, esta deve ser estabelecida antes daquela, como sendo um princípio mais apropriado, e como a fornecedora de uma certa forma melhor, a de um animal que se move por si mesmo, e que naturalmente precede as plantas enraizadas na terra. O animal, entretanto, não é exatamente autônomo. O todo não é assim em sua totalidade, mas uma parte se move e uma parte é movida. Esse, portanto, é o automovimento aparente. Portanto, antes disso, é necessário que haja aquilo que é verdadeiramente movido por si mesmo e que, de acordo com a totalidade de si mesmo, se move e é movido, para que o aparente movido por si mesmo possa ser a imagem disso. E, de fato, a alma que move o corpo deve ser considerada uma essência mais propriamente autônoma. Essa, entretanto, é dupla, uma racional e a outra irracional, pois é evidente que existe uma alma racional. Do contrário, cada um não tem uma sensação concomitante de si mesmo, mais clara ou mais obscura, quando convertida a si mesmo nas atenções e investigações de si mesmo, e nas animações vitais e gnósticas de si mesmo? A essência que é capaz disso, e que pode coletar universais pelo raciocínio, será muito justamente racional. A alma irracional também, embora não pareça investigar essas coisas e raciocinar consigo mesma, ainda assim, ao mesmo tempo, move corpos de um lugar para outro, sendo ela mesma previamente movida de si mesma, pois em diferentes momentos ela exerce um impulso diferente. Ou é movido por alguma outra coisa, por exemplo, por toda a alma racional do Universo? Mas seria absurdo dizer que as energias de toda alma irracional não são as energias dessa alma, mas de outra mais divina, uma vez que elas são infinitas e misturadas com muito do que é básico e imperfeito. Isso seria o mesmo que dizer que os inimigos irracionais são as energias da alma racional. Deixo de mencionar o absurdo de supor que toda a essência não é geradora das próprias energias. Se a alma irracional for uma certa essência, ela terá as próprias energias peculiares, não transmitidas de outra coisa, mas provenientes de si mesma. Essa alma irracional, portanto, também se moverá em diferentes momentos a diferentes impulsos. Mas se ela se mover por si mesma, será convertida a si mesma. Se, no entanto, esse for o caso, ela terá uma subsistência separada, e não estará em um sujeito. É, portanto, racional, se olhar para si mesmo, porque ao ser convertido pesquisa a si mesmo. Quando se estender às coisas externas, ela olha para as externas, ou melhor, olha para o corpo colorido, mas não vê a si mesma, porque a visão em si não é nem corpo nem aquilo que é colorido. Portanto, ela não retorna a si mesma. Assim, esse também não é o caso de nenhuma outra natureza irracional. A fantasia tampouco projeta um tipo de si mesma, mas daquilo que é sensível, por exemplo, o corpo colorido. Tampouco o apetite irracional deseja a si mesmo, mas aspira a um determinado objeto de desejo, como honra, prazer ou riqueza. Portanto, ele não se move por si mesmo.

Se alguém, ao ver que os brutos exercem energias racionais, apreender que eles também participam do primeiro automovimento e, por essa razão, possuem uma alma convertida a si mesma, talvez possa ser concedido a ele que essas também são naturezas racionais, exceto que elas não são assim essencialmente, mas de acordo com a participação, e isso de forma mais obscura, assim como a alma racional pode ser dita intelectual de acordo com a participação, como sempre projetando concepções comuns sem distorção. Deve-se observar, no entanto, que os extremos são aquilo que é capaz de ser perfeitamente separado, como a forma racional, e aquilo que é perfeitamente inseparável, como a qualidade corpórea, e que no meio desses subsiste a natureza, que beira o inseparável, tendo uma pequena representação do separável e a alma irracional, que beira o separável. Ou parece, em certo aspecto, subsistir por si mesma, separada de um sujeito, de modo que se torna duvidoso se ela é automotora ou movida por outro elemento. Pois ela contém um vestígio abundante de automovimento, mas não aquele que é verdadeiro e convertido a si mesmo e, por essa razão, perfeitamente separado de um sujeito. E a alma vegetal tem, em um certo aspecto, uma subsistência intermediária. Por essa razão, para alguns dos antigos, ela parecia ser uma certa alma, mas para outros, a natureza.

Novamente, portanto, para que possamos retornar ao objeto de investigação proposto, como pode uma natureza automotora desse tipo, que está misturada com a movida com auxílio de outro elemento, ser o primeiro princípio das coisas? Ela não subsiste por si mesma, tampouco se aperfeiçoa na realidade, mas requer uma certa outra natureza, tanto para sua subsistência quanto para sua perfeição. E antes dela está aquilo que é verdadeiramente automovido. É, portanto, aquilo que é propriamente automovido o princípio, e não é dependente de nenhuma forma mais excelente do que ele mesmo? Ou aquilo que se move não é sempre naturalmente anterior àquilo que é movido. Em suma, toda forma que é pura em relação ao seu contrário não subsiste por si mesma antes daquilo que está misturado a ela? E não é o puro a causa do misturado? Pois aquilo que cuja essência é concomitante a outro tem também uma energia misturada com esse outro. De modo que uma natureza automovida de fato se fará a si mesma; mas, assim subsistindo, ela será ao mesmo tempo movente e movida, mas não se tornará uma natureza movente apenas, porque ela tampouco é apenas isso. Toda forma, no entanto, é sempre única de acordo com sua primeira subsistência, de modo que haverá aquilo que se move apenas sem ser movido. E, de fato, seria absurdo que houvesse aquilo que é movido apenas, como o corpo, mas que, antes tanto daquilo que é movido por si mesmo quanto daquilo que é movido apenas, não houvesse aquilo que é movido apenas. Pois é evidente que deve haver, uma vez que essa será uma natureza mais excelente, e aquilo que é movido por si mesmo, à medida que se move é mais excelente do que à medida que é movido. É necessário, portanto, que a essência que se move sem ser movida seja a primeira, pois a que é movida, não sendo motivo, é a terceira, no meio da qual está a que se move por si mesma, que dizemos requerer o que se move para que se torne movido. Em suma, se for movido, não permanecerá enquanto for movido; e se for movido, é necessário que permaneça movido enquanto estiver se movendo. De onde, então, ele obtém o poder de permanecer? Pois de si mesmo deriva o poder de ser movido apenas, ou de, ao mesmo tempo, permanecer e ser movido totalmente. De onde, então, ele simplesmente obtém o poder de permanecer? Certamente, daquilo que simplesmente permanece. Mas essa é uma causa imóvel. Portanto, devemos admitir que o imóvel é anterior ao que se move. Vamos considerar, então, se o imóvel é o princípio mais adequado? Mas como isso é possível? O imóvel contém uma multidão tão numerosa de forma imóvel quanto o automovido de forma automóvel. Além disso, uma separação imóvel deve necessariamente subsistir antes de uma separação automovida. O imóvel, portanto, é ao mesmo tempo um e muitos, e é ao mesmo tempo unido e separado, e uma natureza desse tipo é denominada intelecto. Mas é evidente que o unido nisso é naturalmente anterior e mais honroso do que o separado. Pois a separação é sempre dependente da união, mas não, ao contrário, a união da separação. O intelecto, entretanto, não tem o unido puro de seu oposto. Pois a forma intelectual é coessencializada com o separado, através da totalidade de si mesma. Portanto, aquilo que é em certo aspecto unido requer aquilo que é simplesmente unido, ao passo que aquilo que subsiste com outro é dependente daquilo que subsiste por si mesmo, aquilo que subsiste de acordo com a participação, daquilo que subsiste de acordo com a essência. Pois o intelecto, sendo que subsiste de forma autônoma, produz a si mesmo como unido e, ao mesmo tempo, separado. Portanto, ele subsiste de acordo com ambas as coisas. Ele é produzido, portanto, com base naquilo que é simplesmente unido e somente unido. Portanto, antes do que é formal está o não circunscrito e não distribuído em formas. E isso é o que chamamos de unido, e que os sábios da Antiguidade denominavam "ser", possuindo em uma contração a multidão, subsistindo antes dos muitos.

Tendo, portanto, chegado até aqui, vamos descansar um pouco e considerar conosco mesmos se o "ser" é o princípio investigado de todas as coisas. Pois o que haverá que não participe do ser? Não podemos dizer que isso, se for o unido, será secundário ao uno, e que, ao participar do uno, ele se torna o unido? Em suma, se concebermos o uno como algo diferente do ser, se o ser for anterior ao uno, ele não participará do uno. Portanto, ele será apenas muitos, e eles serão infinitamente infinitos. Mas se o um estiver com o ser, e o ser com o um, e eles estiverem coordenados ou divididos um do outro, haverá dois princípios, e o absurdo mencionado acontecerá. Ou eles participarão mutuamente um do outro, e haverá dois elementos. Ou eles serão partes de outra coisa, consistindo de ambos. E, se esse for o caso, o que será aquilo que os leva à união um com o outro? Se o um une o ser a si mesmo (pois isso pode ser dito), o um também se energizará antes do ser, para que possa chamar e converter o ser a si mesmo. O um, portanto, subsistirá de si mesmo autoperfeito antes do ser. Além disso, o mais simples é sempre anterior ao mais composto. Se, portanto, eles são igualmente simples, haverá dois princípios, ou um dos dois, o qual será um composto. Portanto, o simples e perfeitamente incomposto é anterior a esse último, que deve ser um ou não um; e se não for um, deve ser muitos ou nada. Mas com relação ao nada, se ele significa aquilo que é perfeitamente vazio, ele significará algo vão. Mas se significar o arcano, não será sequer aquilo que é simples. Em suma, não podemos conceber nenhum princípio mais simples do que o um. Portanto, o uno é, em todos os aspectos, anterior ao ser. Esse é o princípio de todas as coisas, e Platão, recorrendo a isso, não exigiu nenhum outro princípio em seus raciocínios. Pois o arcano no qual termina nossa ascensão não é o princípio do raciocínio nem do conhecimento, tampouco dos animais nem dos seres, muito menos das unidades, mas simplesmente de todas as coisas, estando disposto de toda concepção e suspeita que possamos formular. Por isso, Platão não indica nada a respeito disso, mas faz suas negações de todas as outras coisas, exceto a única, embasado na única. Ele nega, em último lugar, que o um seja, mas não faz uma negação do um. Além disso, ele também nega essa negação, mas não o um. Ele nega, também, o nome e a concepção, e todo o conhecimento, e o que pode ser dito mais, o todo em si e todo ser. Mas que haja o unido e o único, e, se você quiser, os dois princípios ligados e o infinito. Platão, no entanto, nunca, em nenhum aspecto, nega o que está além de tudo isso. Por isso, em o *Sofista*, ele o considera como aquele que é anterior ao ser, ao passo que na *República* como o bem que está além de toda essência, mas, ao mesmo tempo, o único é deixado. No entanto, será que ele é conhecido e eficaz, ou desconhecido e inefável? Ou é, em um certo aspecto, isso e, em outro aspecto, não? Por uma negação disso, pode-se dizer que o inefável é afirmado. E ainda, pela simplicidade do conhecimento, ele será conhecido ou suspeitado, mas por composição perfeitamente desconhecido. Portanto, tampouco será apreendido por negação. E, em suma, uma vez que seja admitido como um, uma vez que será coarranjado a outras coisas, que são o sujeito da posição, pois ela é o ápice das coisas que subsistem de acordo com a posição, ao mesmo tempo há muito nele do inefável e desconhecido, do descoordenado e do que é privado de posição, embora acompanhados por uma representação dos contrários, ou seja, os primeiros são mais excelentes do que os últimos. Em todos os locais as coisas puras subsistem antes de suas contrárias, e as que não se misturam, antes das que se misturam. Porque ou as coisas mais excelentes subsistem essencialmente em uma, e em um certo aspecto os contrários delas também estarão lá ao mesmo tempo, ou elas subsistem de acordo com a participação, e são derivadas daquilo que é primeiro uma coisa desse tipo. Antes de um, portanto, está o que é simples e perfeitamente inefável, sem posição, descoordenado e incapaz de ser apreendido, para o qual também a ascensão do presente discurso se apressa através das indicações mais claras, não omitindo nenhuma daquelas naturezas entre a primeira e a última das coisas.

Tal é, então, a ascensão ao Deus supremo, de acordo com a teologia de Platão, preservando veneravelmente sua inefável isenção de todas as coisas e sua transcendência, que não pode ser circunscrita por nenhuma energia gnóstica, e, ao mesmo tempo, desdobrando os caminhos que conduzem a ele, e acendendo aquele cume luminoso da alma, pelo qual ela se une ao incompreensível.

Desse princípio verdadeiramente inefável, isento de toda essência, poder e energia, procede imediatamente uma infinidade de naturezas divinas, de acordo com Platão. O fato de que esse deve ser necessariamente o caso será admitido pelo leitor que entende o que já foi discutido, e é plenamente demonstrado por Platão no *Parmênides*, como será evidente para o inteligente pelas notas sobre esse diálogo. Além disso, portanto, do que já afirmei sobre esse assunto, observarei ainda que essa doutrina, que se baseia nas concepções mais sublimes e científicas da mente humana, pode ser claramente demonstrada como um dogma legítimo de Platão por meio do que é afirmado por ele no sexto livro de sua *República*. Ele afirma, nos termos mais claros e inequívocos, que o bem, ou o princípio inefável das coisas, é supraessencial, e mostra, pela analogia do Sol com o bem, que o que a luz e a visão são no visível, a verdade e a inteligência são no mundo inteligível. Como a luz, portanto, procede imediatamente do Sol e subsiste totalmente de acordo com um idioma ou propriedade solar, assim a verdade ou a descendência imediata do bem deve subsistir de acordo com um idioma superessencial. E como o bem, de acordo com Platão, é o mesmo que o um, como é evidente no *Parmênides*, a descendência imediata do um será a mesma que a do bem. Mas a descendência imediata do um não pode ser outra coisa senão unidades. E, portanto, inferimos necessariamente que, de acordo com Platão, a descendência imediata do princípio inefável das coisas são unidades superessenciais. Elas diferem, entretanto, de seu imenso princípio no fato de que ele é superessencial e inefável, sem qualquer acréscimo, mas essa multidão divina é participada pelas várias ordens de ser, que são suspensas e produzidas por ela. Portanto, em consequência de estarem conectadas à multidão por meio dessa participação, elas são necessariamente subordinadas à única.

Não menos admiravelmente, portanto, do que platonicamente, Simplicius, em seu *Comentário de Epicteto*, observa o seguinte sobre esse assunto: "A fonte e o princípio de todas as coisas é o bem, pois aquilo que todas as coisas desejam, e para o qual todas as coisas se dirigem, é o princípio e o fim de todas as coisas. O bem também produz de si mesmo todas as coisas, as primeiras, as intermediárias e as últimas. Mas ele produz aquelas que são primeiras e próximas a si mesmo, semelhantes a si mesmo; uma bondade, muitas bondades, uma simplicidade e unidade que transcende todas as outras, muitas unidades, e um princípio, muitos princípios. Pois o um, o princípio, o bem e a divindade são o mesmo, uma vez que a divindade é a primeira e a causa de todas as coisas. Mas é necessário que o primeiro seja também o mais simples, pois tudo o que é composto e tem multidão é posterior ao uno. E a multidão e as coisas que não são boas desejam o bem como estando acima delas; e, em suma, aquilo que não é o próprio princípio vem do princípio. Mas também é necessário que o princípio de todas as coisas possua o mais alto e todo o poder. Pois a amplitude do poder consiste em produzir todas as coisas originadas de si mesmo, e em dar subsistência aos semelhantes, antes das coisas que são diferentes. Por isso, o princípio único produz muitos princípios, muitas simplicidades e muitas bondades, originadas de si mesmo. Uma vez que todas as coisas diferem umas das outras e são multiplicadas com suas diferenças próprias, cada uma dessas multidões é suspensa de seu único princípio próprio. Assim, por exemplo, todas as coisas belas, sejam elas quais forem e onde quer que estejam, seja na alma ou no corpo, estão suspensas de uma fonte de beleza. Assim também, tudo o que possui simetria, e tudo o que é verdadeiro, e todos os princípios, estão, em um certo aspecto, ligados ao primeiro princípio, já que são princípios, fontes e bondades, com uma sujeição e analogia apropriadas. O que o princípio único é para todos os seres, cada um dos outros princípios é para a multidão compreendida pela linguagem de seu princípio. Porque é impossível, uma vez que cada multidão é caracterizada por uma certa diferença, que ela não deva ser estendida ao próprio princípio, que ilumina uma e a mesma forma para todos os indivíduos daquela multidão. O um é o líder de toda multidão, e toda peculiaridade ou expressão idiomática nos muitos é derivada do um para os muitos. Todos os princípios parciais, portanto, são estabelecidos naquele princípio que se classifica como um todo, e são compreendidos nele, não com intervalo e multidão, mas como partes no todo, como multidão no um, e número na mônada[23]. Pois esse primeiro princípio é todas as coisas anteriores a todas, e muitos princípios são multiplicados em torno do único princípio, e em uma única bondade, muitas bondades são estabelecidas. Esse também não é um determinado princípio como cada um dos demais, pois um deles é o princípio da beleza, outro da simetria,

---

23 Termo de origem provavelmente pitagórica, usado na filosofia antiga para designar os elementos simples de que o Universo é composto. Platão aplica o termo mônada às ideias ou formas (MÔNADA. **Dicionário de filosofia**. Disponível em: https://sites.google.com/view/sbgdicionariodefilosofia/m%C3%B4nada. Acesso em: 28 out. 2023).

outro da verdade e outro de qualquer outra coisa, mas é simplesmente um princípio. Tampouco é simplesmente o princípio dos seres, mas é o princípio dos princípios. É necessário que o idioma do princípio, da mesma forma que outras coisas, não comece da multidão, mas seja reunido em uma mônada como um ápice, que é o princípio dos princípios. Tais coisas, portanto, que são primeiramente produzidas pelo primeiro bem, em consequência de serem amalgamadas a ele, não retrocedem da bondade essencial, uma vez que são imóveis e inalteradas, e são eternamente estabelecidas na mesma bem-aventurança. Da mesma forma, elas não são dependentes do bem, porque elas mesmas são boas. Todas as outras naturezas, no entanto, sendo produzidas pelo único bem e por muitas bondades, uma vez que se afastam da bondade essencial e não estão imutavelmente estabelecidas na hipérbole da bondade divina, por isso possuem o bem de acordo com a participação".

Tomando como base essa teoria sublime, o significado do antigo dogma egípcio, de que Deus é todas as coisas, torna-se imediatamente aparente. O primeiro princípio[24], como Simplicius na passagem citada justamente observa, é todas as coisas antes de todas, isto é, ele compreende todas as coisas causalmente, sendo o modo mais transcendente de compreensão. Como todas as coisas, portanto, consideradas como subsistindo causalmente na divindade, são transcendentalmente mais excelentes do que são quando consideradas como efeitos precedentes a ele, portanto, aquele todo-poderoso e todo-compreensivo, o primeiro princípio, é dito ser todas as coisas anteriores a todas, prioridade aqui denotando transcendência isenta. Assim como a mônada e o centro de um círculo são imagens, por sua simplicidade, desse maior dos princípios, da mesma forma eles nos mostram perspicazmente sua compreensão causal de todas as coisas. Pois todo número pode ser considerado como estar subsistindo ocultamente na mônada, e o círculo no centro, e essa ocultação sendo a mesma em cada um com subsistência causal.

---

24 NOTA DE THOMAS TAYLOR – Pelo primeiro princípio aqui, o um deve ser entendido como aquela natureza arcana que está além do um, uma vez que toda a linguagem é subvertida em relação a ela, só pode, como já observamos, ser concebida e venerada no mais profundo silêncio.

Que essa concepção de subsistência causal não é uma hipótese concebida pelos últimos platonistas, mas um dogma genuíno de Platão, é evidente no que ele diz no *Filebo*, uma vez que nesse diálogo ele afirma expressamente que em Júpiter um intelecto real e uma alma real subsistem de acordo com a causa.

E aqui é necessário observar que quase todos os filósofos anteriores ao filósofo neoplatônico Jâmblico[25] (como somos informados por Damásio) afirmaram, de fato, que há um Deus superessencial, mas que os outros deuses tinham uma subsistência essencial e eram deificados por iluminações do único. Da mesma forma, eles disseram que há uma multidão de unidades superessenciais, que não são subsistências autoperfeitas, mas sim uniões iluminadas com a divindade, transmitidas às essências pelos deuses mais elevados. Que essa hipótese, no entanto, não é compatível com a doutrina de Platão é evidente em seu *Parmênides*, no qual ele mostra que o uno não subsiste em si mesmo. Pois, como observamos de Proclo [outro filósofo neoplatônico grego do século V], nas notas sobre esse diálogo, toda coisa que é a causa de si mesma e é autossubsistente é dita estar em si mesma. Portanto, como a potência produtora sempre compreende, de acordo com a causa, aquilo que produz, é necessário que aquilo que produz a si mesmo deva compreender a si mesmo, uma vez que é uma causa, e também deva ser compreendido por si mesmo, uma vez que é causado. Além disso, que deva ser ao mesmo tempo causa e coisa causada, aquilo que compreende e aquilo que é compreendido. Se, portanto, uma subsistência em outra significa, de acordo com Platão, o ser produzido por outra causa mais excelente, uma subsistência em si mesma deve significar aquilo que é autogerado e produzido por si mesmo. Se o uno, portanto, não é autossubsistente, sequer transcendendo esse modo de subsistência, e se for necessário que haja algo autossubsistente, segue-se que essa deve ser a propriedade característica daquilo que procede imediatamente do inefável. Mas o fato de que deve haver algo autossubsistente é evidente, uma vez que, a menos que isso seja admitido, não haverá uma verdadeira suficiência em qualquer coisa.

---

25 Jâmblico de Cálcides foi um filósofo neoplatônico, fundador da escola siríaca.

Além disso, como Damásio bem observa, se aquilo que é subordinado por natureza é autoperfeito, como a alma humana, muito mais será o caso com uma alma divina. Mas se é assim com a alma, isso também será verdade para o intelecto. E se for verdade para o intelecto, também será verdade para a vida, ou seja, se para a vida, para o ser também, e se para o ser, para as unidades acima do ser. Pois o autoperfeito, o autossuficiente, e o que está estabelecido em si mesmo subsistirá muito mais nas naturezas superiores do que nas subordinadas. Se, portanto, essas coisas estiverem na última, também estarão na primeira. Refiro-me à subsistência de uma coisa por si mesma, e essencializada em si mesma, e tais são a essência e a vida, o intelecto, a alma e o corpo. Pois o corpo, embora não subsista por meio de uma dependência, ainda subsiste por si mesmo, e por isso pertence ao gênero da substância, e é distinto do acidente, que não pode existir independente de um sujeito.

As naturezas superessenciais e as autossubsistentes são, portanto, a progênie imediata do uno, se é que é lícito denominar assim as coisas, que deveriam antes ser chamadas de desdobramentos inefáveis à luz do inefável, pois a descendência depende de uma causa produtora, e o uno deve ser concebido como algo ainda mais excelente do que isso. Dessa multidão divina autoperfeita e autoprodutora procede uma série de naturezas autoperfeitas, ou seja, de seres, vidas, intelectos e almas, de acordo com Platão, no último elo dessa série luminosa que ele também classifica como a alma humana, suspensa proximamente da ordem de entidade sobrenatural, porque essa ordem, como ele afirma claramente no *Banquete*, "está na posição intermediária entre o divino e o humano, preenche o espaço vago e une toda a natureza inteligente". E aqui para o leitor, que não penetrou nas profundezas da filosofia de Platão, sem dúvida parecerá paradoxal ao extremo que se diga que qualquer ser produz a si mesmo e, ao mesmo tempo, procede de uma causa superior. A solução dessa dificuldade é a seguinte: a produção essencial, ou aquela energia por meio da qual qualquer natureza produz outra coisa pelo próprio ser, é o modo mais perfeito de produção, porque vestígios dela são vistos nas últimas coisas; assim, o fogo transmite calor, por sua essência, e a neve, frio. Em suma, essa é uma produção desse tipo, na qual o efeito é aquele secundário que a causa é primária. Como esse modo de produção, portanto, por ser o mais perfeito de todos os outros, origina-se das naturezas mais elevadas, ele consequentemente pertencerá primeiro àqueles poderes autossubsistentes, que procedem imediatamente do inefável, e deles será derivado para todas as ordens seguintes de seres. Mas essa energia, como sendo caracterizada pelo essencial, será necessariamente diferente em diferentes causas produtoras. Portanto, originado daquilo que subsiste, no ápice das naturezas autossubsistentes, uma série de seres autossubsistentes de fato procederá, mas então essa série será secundariamente aquilo que sua causa é primariamente, e a energia pela qual ela produz a si mesma será secundária àquela pela qual ela é produzida por sua causa. Assim, por exemplo, a alma racional produz a si mesma (em consequência de ser uma natureza automotora) e é produzida pelo intelecto; mas é produzida pelo intelecto imutavelmente, e por si mesma transitivamente, porque todas as suas energias subsistem no tempo e são acompanhadas de movimento. Portanto, uma vez que a alma contém o intelecto por participação, ela é produzida pelo intelecto, mas uma vez que seja automotiva, ela será produzida por si mesma. Em suma, com respeito a toda coisa autossubsistente, o ápice de sua natureza é produzido por uma causa superior, mas a evolução desse ápice é sua energia espontânea, e por meio disso ela se torna autossubsistente e autoperfeita.

Que a alma racional, de fato, uma vez que é racional, produz a si mesma, pode ser claramente demonstrado da seguinte forma: Aquilo que é capaz de transmitir qualquer coisa superior e mais excelente em qualquer gênero de coisas, pode facilmente transmitir aquilo que é subordinado e menos excelente no mesmo gênero; mas o bem-estar confessadamente ocupa uma posição mais elevada e é mais excelente do que o mero ser. A alma racional transmite o bem-estar a si mesma, quando se cultiva e se aperfeiçoa, e se lembra e se retira do contágio do corpo. Portanto, ela também confere o ser a si mesma. E isso com grande propriedade, pois todas as naturezas divinas e coisas que possuem a capacidade de transmitir qualquer coisa principalmente a outros, necessariamente começam essa energia originada de si mesmas. Dessa poderosa verdade, o próprio Sol é um exemplo ilustre, pois ele ilumina todas as coisas com sua luz, e é ele mesmo luz, e a fonte e origem de todo esplendor. Portanto, uma vez que as almas conferem vida e movimento a outras coisas, e por essa razão Aristóteles chama um animal de autônomo, ele irá muito mais, e por uma prioridade muito maior, conferir vida e movimento a si mesmo.

Dessa magnífica, sublime e científica doutrina de Platão, a respeito do princípio arcano das coisas e de sua descendência imediata, segue-se que essa causa inefável não é a criadora imediata do Universo, e isso, como observei na introdução ao diálogo *Timeu*, não por qualquer defeito, mas, ao contrário, pela transcendência do poder. Todas as coisas, de fato, são inefavelmente desdobradas dele de uma só vez, em luz; mas os meios divinos são necessários para a fabricação do mundo. Se o Universo fosse imediatamente produzido por meio do inefável, ele seria, de acordo com o que observamos, inefável também em um grau secundário. Mas como esse não é de forma alguma o caso, ele deriva sua subsistência imediata principalmente de uma divindade de característica fabuladora, a quem Platão chama de Zeus, de acordo com a teologia do profeta lendário na religião grega antiga Orfeu. O leitor inteligente admitirá prontamente que esse dogma está tão longe de ser depreciativo para a dignidade do Supremo que, ao contrário, ele exalta essa dignidade e preserva de maneira adequada a transcendência isenta do inefável. Se, portanto, presumirmos celebrá-lo, pois, como observamos, é mais adequado estabelecer em silêncio as parturições da alma que ousam ansiosamente explorá-lo, devemos celebrá-lo como o princípio dos princípios e a fonte da divindade, ou, na linguagem reverencial dos egípcios, como uma escuridão três vezes desconhecida. Altamente louvável, de fato, e digna de ser imitada por toda a posteridade, é a veneração que os grandes antigos prestavam a esse imenso princípio. Isso eu já observei na *Introdução ao Parmênides*, e só observarei agora, além disso, que em consequência dessa profunda e piedosa reverência ao primeiro Deus, eles sequer se aventuraram a dar um nome ao topo da mais alta ordem de divindades que é denominada inteligível. Por isso, diz Proclo, em seus comentários sobre o contexto do diálogo platônico intitulado *Crátilo*: "Nem todo gênero dos deuses tem um nome; pois com respeito à primeira Divindade, que está além de todas as coisas, *Parmênides* nos ensina que ela é inefável; e os primeiros gêneros dos deuses inteligíveis, que estão unidos a um, e são chamados de ocultos, têm muito do desconhecido e inefável. Pois aquilo que é perfeitamente eficaz não pode ser combinado com o perfeitamente inefável, mas é necessário que a progressão dos inteligíveis termine na ordem em que o primeiro eficaz subsiste, e aquilo que é chamado por nomes próprios. Pois ali as primeiras formas inteligíveis e a natureza intelectual dos inteligíveis são reveladas à luz. Porém, as naturezas anteriores a essa, sendo silenciosas e ocultas, são conhecidas apenas pela inteligência. Portanto, toda a ciência telética[26] que energiza a teurgia[27] ascende até essa ordem. Orfeu também diz que essa ordem é primeiramente chamada por um nome pelos outros deuses, pois a luz proveniente dela é conhecida e denominada pelos deuses intelectuais".

Portanto, com não menos magnificência do que piedade, Proclo fala assim sobre o princípio inefável das coisas: "Vamos agora, se é que alguma vez o faremos, remover de nós o conhecimento multiforme, exterminar toda a variedade da vida e, em perfeita calma, nos aproximarmos da causa de todas as coisas. Para esse propósito, que não apenas a opinião e a fantasia estejam em repouso, tampouco apenas as paixões que impedem nosso impulso de elevação moral do inconsciente para o primeiro estejam em paz; mas que o ar e o próprio Universo estejam quietos. E que todas as coisas nos estendam com um poder tranquilo para a comunhão com o inefável. Que nós também estejamos ali, tendo transcendido o inteligível (se é que temos algo desse tipo), e com os olhos quase fechados adorando como se fosse o Sol nascente, já que não é lícito a nenhum ser contemplá-lo atentamente – que nós observemos o Sol de onde provém a luz dos deuses inteligíveis, emergindo, como dizem os poetas, do seio do oceano. E, novamente, com essa tranquilidade divina que desce ao intelecto, e do intelecto que emprega os raciocínios da alma, vamos nos relacionar com as naturezas das quais, nessa progressão, consideraremos

---

26 Tem base no conceito de *telesis* – finalidade, e traz consigo a busca de uma ciência com utilidade prática para as pessoas, que auxilie nas transformações sociais de cada período; também marca a ruptura do autor com a escola positivista e o início de suas discussões sobre paradigma e seu trabalho por relações mais horizontais com as pessoas e o saber popular (FALS BORDA, Orlando. Primera lección: saber interactuar y organizarse. *In*: HERRERA FARFÁN, Nicolás A.; LÓPES GUZMÁN, Lorena. **Ciencia, compromiso y cambio social**, textos de Orlando Fals Borda. 2. ed. Montevideo: El Colectivo-Lanzas y Letras- Extensión libros, 2014, p. 123-141. (Colección Pensamiento Latinoamericano)).

27 Espécie de magia com que os antigos pretendiam alcançar a proteção das divindades e produzir efeitos sobrenaturais (TEURGIA. **Aulete**. Disponível em: https://www.aulete.com.br/teurgia. Acesso em: 28 out. 2023).

o primeiro Deus como isento. E vamos, por assim dizer, celebrá-lo, não como tendo estabelecido a Terra e os céus, muito menos como tendo dado subsistência às almas e às gerações de todos os animais, porque ele produziu isso de fato, mas entre as últimas coisas. Mas antes disso, vamos celebrá-lo como revelador de todo o gênero inteligível e intelectual dos deuses, juntamente a todas as divindades supramundanas e mundanas, como o Deus de todos os deuses, a Unidade de todas as unidades e além do primeiro santuário – como mais inefável do que todo o silêncio e mais desconhecido do que toda a essência – como santo entre os santos e oculto nos deuses inteligíveis". Tal é a piedade, a sublimidade e a magnificência da concepção que os filósofos platônicos falam daquilo que, na realidade, é inefável em todos os aspectos, quando presumem falar sobre isso, estendendo as inefáveis parturições da alma à inefável sensação concomitante do incompreensível.

Dessa sublime veneração da mais terrível natureza, que, como é notado nos trechos de Damásio, induziu os mais antigos teólogos, filósofos e poetas a silenciarem inteiramente a seu respeito, surgiu a grande reverência que os antigos prestavam às divindades, mesmo de característica mundana, ou das quais os corpos estão suspensos, considerando-as também como participantes da natureza do inefável, e como outros tantos elos da verdadeira corrente dourada da divindade. Assim, encontramos na *Odisseia*, quando Ulisses e Telêmaco estão removendo as armas das paredes do palácio de Ítaca, e Minerva, indo à frente deles com sua lâmpada dourada, enche todo o lugar com uma luz divina:

> Diante de ti, Palas Atena carregava um cesto de metal dourado e lançava uma luz. Telêmaco observou que certamente algum dos deuses celestiais estava presente. Em verdade, algum deus está lá dentro, dentre os que sustentam o vasto céu. Ulisses diz em resposta: "Fique em silêncio, contenha seu intelecto (ou seja, pare de energizar intelectualmente) e não fale". Fique em paz e guarde tudo isso em seu coração e não pergunte nada a respeito.

Baseado em tudo o que foi dito, acho que deve ser imediatamente óbvio para qualquer pessoa cujo olho mental não esteja totalmente cego, que não pode haver algo como uma trindade na teologia de Platão, em qualquer aspecto análogo à Trindade cristã. Pois o Deus mais elevado, de acordo com Platão, como já mostramos amplamente pelas evidências irresistíveis, está tão longe de ser uma parte de uma tríade subsistente, que ele não deve ser conectado a qualquer coisa, mas sim tão perfeitamente isento de toda multidão que ele está mesmo além do ser. Ele transcende tão inefavelmente toda a relação e o *habitus* [características do corpo e da alma adquiridas em um processo de aprendizagem], que a linguagem é na realidade subvertida em torno dele, e o conhecimento é devolvido à ignorância. No entanto, o que é essa trindade na teologia de Platão, que sem dúvida deu origem à cristã, será evidente para o inteligente tomando como base as notas sobre *Parmênides* e dos extratos de Damáscio. E isso é muito para a doutrina de Platão com relação ao princípio das coisas e sua descendência imediata, cuja grande importância será, não duvido, uma desculpa suficiente para a extensão dessa discussão.

Seguindo Proclo e o escritor da educação clássica Olimpiodoro como nossos guias, vamos considerar o modo segundo o qual Platão nos ensina as concepções místicas das naturezas divinas. Ele parece não ter seguido em todos os lugares o mesmo modo de doutrina sobre elas. Às vezes, de acordo com uma energia divinamente inspirada, e outras vezes dialeticamente desenvolveu a verdade a respeito delas. E às vezes ele anunciou simbolicamente suas expressões idiomáticas inefáveis, bem como em outras ocasiões ele recorreu a elas por meio de imagens e descobriu nelas as causas primárias do todo. No *Fedro*, sendo evidentemente inspirado e tendo trocado a inteligência humana por uma posse melhor, a mania divina, ele revelou muitos dogmas arcanos a respeito dos deuses intelectuais, liberados e mundanos. Mas no *Sofista*, discutindo dialeticamente sobre o ser e a subsistência do uno acima dos seres, e duvidando de filósofos mais antigos do que ele, ele mostrou como todos os seres estão suspensos de sua causa e do primeiro ser, mas que o próprio ser participa daquela unidade que está isenta de todas as coisas, que é um uno passivo[28], mas não o próprio uno, estando sujeito e unido ao uno, mas não sendo aquilo que é primariamente uno. De maneira semelhante, no *Parmênides* ele desdobra dialeticamente as progressões

---

28 NOTA DE THOMAS TAYLOR – É necessário observar que, de acordo com Platão, o que quer que participe de qualquer coisa é dito ser passivo para aquilo que participa, e as próprias participações são chamadas por ele de paixões.

do ser por meio do uno, pela primeira hipótese daquele diálogo, e isso, como ele afirma, de acordo com a divisão mais perfeita desse método. E novamente no *Górgias* ele relata a fábula sobre os três fabricantes e sua distribuição demiúrgica[29]. Mas no *Banquete* ele fala sobre a união do amor, e no *Protágoras*, sobre a distribuição de animais mortais dos deuses de uma maneira simbólica, escondendo a verdade sobre as naturezas divinas, e até onde a mera indicação revela sua mente para o mais genuíno de seus leitores.

Novamente, se for necessário mencionar a doutrina fornecida por meio das disciplinas matemáticas e a discussão das preocupações divinas oriundas de discursos éticos ou físicos, dos quais muitos podem ser contemplados no *Timeu*, muitos no diálogo chamado *Político*, e muitos podem ser vistos espalhados em outros diálogos, aqui também, para aqueles que desejam conhecer as preocupações divinas por meio de imagens, o método será aparente. Assim, por exemplo, o *Político* mostra a fabricação nos céus. Mas as figuras dos cinco elementos, apresentadas em proporções geométricas no *Timeu*, representam em imagens as expressões idiomáticas dos deuses que presidem as partes do Universo. E as divisões da essência da alma nesse diálogo sombreiam as ordens totais dos deuses. A isso também podemos acrescentar que Platão compõe a política, assimilando-a às naturezas divinas e adornando-a com o mundo inteiro e os poderes que ele contém. Tudo isso, portanto, por meio da semelhança entre as preocupações mortais e as divinas, exibe-nos em imagens as progressões, ordens e fabricações das últimas. E esses são os modos de doutrina teológica empregados por Platão.

"Mas aqueles", diz Proclo, "que tratam dos assuntos divinos de forma indicativa, ou falam de forma simbólica e fabulosa, ou por meio de imagens. E entre aqueles que anunciam abertamente suas concepções, alguns estruturam seus discursos de acordo com a ciência, mas outros de acordo com a inspiração dos deuses. E aquele que deseja significar as

---

29 Relativo a demiurgo, ser divino que, segundo o filósofo grego Platão (428-348 a.C.) e seus discípulos, age como princípio causal, com o sentido de criador, dotado de movimento próprio, que tem o poder de organizar o Universo (DEMIURGO. **Michaelis**. Disponível em: https://michaelis.uol.com.br/busca?r=0&f=0&t=0&palavra=demiurgo. Acesso em: 30 out. 2023).

preocupações divinas por meio de símbolos é órfico[30] e, em suma, está de acordo com aqueles que escrevem fábulas a respeito dos deuses. Mas aquele que faz isso por meio de imagens é pitagórico. Pois as disciplinas matemáticas foram inventadas pelos pitagóricos com o objetivo de lembrar as preocupações divinas, às quais eles tentam ascender por meio de imagens. Pois eles referem os números e as figuras aos deuses, de acordo com o testemunho de seus historiadores. Mas o caráter entusiástico, ou aquele que é divinamente inspirado, revelando a verdade em si mesma a respeito dos deuses essencialmente, está perspicazmente entre os mais altos iniciadores, porque esses não acham apropriado revelar as ordens divinas ou suas expressões idiomáticas a seus familiares por meio de véus, mas anunciam seus poderes e seus números em consequência de serem movidos pelos próprios deuses. A tradição das preocupações divinas de acordo com a ciência é a ilustre prerrogativa da filosofia platônica. Pois somente Platão, ao que me parece, de todos os que são conhecidos por nós, tentou metodicamente dividir e reduzir em ordem a progressão regular dos gêneros divinos, sua diferença mútua, os idiomas comuns de todas as ordens e os idiomas distribuídos em cada uma delas".

Novamente, já que Platão emprega fábulas, vamos, em primeiro lugar, considerar de onde os antigos foram induzidos a inventar fábulas e, em segundo lugar, qual é a diferença entre as fábulas dos filósofos e as dos poetas. Em resposta à primeira pergunta, então, é necessário saber que os antigos empregavam as fábulas olhando para duas coisas, a saber, a natureza e a nossa alma. Eles as empregavam olhando para a natureza e para a fabricação das coisas, como segue. As coisas não aparentes são acreditadas com base nas coisas aparentes, e as naturezas incorpóreas embasadas nos corpos. Ao vermos o arranjo ordenado dos corpos entendemos que um certo poder incorpóreo os preside, como com relação aos corpos celestes, os quais têm um certo poder motriz que os preside. Portanto, como vemos que nosso corpo é movido, mas não é mais assim após a morte, concebemos que foi um certo poder incorpóreo que o moveu. Assim, percebendo que acreditamos nas coisas incorpóreas e

---

30 Diz-se de mistérios, ritos, ideias, crenças e poemas filosófico-religiosos atribuídos a Orfeu (ÓRFICO. **Michaelis**. Disponível em: https://michaelis.uol.com.br/busca?r=0&f=0&t=0&palavra=%C3%B3rfico+. Acesso em: 30 out. 2023).

inaparentes por meio das coisas aparentes e corpóreas, as fábulas foram adotadas para que pudéssemos passar das coisas aparentes para certas naturezas inaparentes, por exemplo, para que, ao ouvirmos os adultérios, os laços e as lacerações dos deuses, as castrações do céu e coisas semelhantes, não ficássemos satisfeitos com o significado aparente de tais particularidades, mas pudéssemos prosseguir para o inaparente e investigar o verdadeiro significado. Dessa maneira, portanto, olhando para a natureza das coisas, foram empregadas as fábulas.

Mas, olhando para nossas almas, elas se originaram da seguinte forma: quando crianças, vivemos de acordo com a fantasia, mas a parte fantasiosa está familiarizada com figuras, tipos e coisas desse tipo. Portanto, para que a parte fantasiosa em nós possa ser preservada, empregamos fábulas, pois essa parte se alegra com as fábulas. Também se pode dizer que uma fábula nada mais é do que um discurso falso que faz sombra à verdade, pois a fábula é a imagem da verdade. Mas a alma é a imagem das naturezas anteriores a ela, por isso a alma muito apropriadamente se alegra com as fábulas, como uma imagem em uma imagem. Portanto, em razão de sermos alimentados com fábulas desde nossa infância é necessário que elas sejam introduzidas. E assim se encerra o primeiro problema, relativo à origem das fábulas.

Em seguida, vamos considerar qual é a diferença entre as fábulas dos filósofos e dos poetas. Cada uma delas tem algo em que é mais abundante do que a outra e algo em que é deficiente. Assim, por exemplo, a fábula poética é abundante nisso, que não devemos nos contentar com o significado aparente, mas passar para a verdade oculta. Pois quem, dotado de intelecto, acreditaria que Júpiter estava desejoso de se relacionar com Juno, e no chão, sem esperar para entrar no quarto de dormir? Assim, a fábula poética é abundante, em consequência da afirmação de coisas que não nos permitem parar no aparente, mas nos levam a explorar a verdade oculta. Ela é defeituosa nisso, pois engana aqueles que são jovens. Platão negligencia fábulas desse tipo e bane Homero de sua obra *República*, porque a juventude, ao ouvir tais fábulas, não será capaz de distinguir o que é alegórico do que não é.

As fábulas filosóficas, ao contrário, não prejudicam aqueles que não vão além do significado aparente. Assim, por exemplo, elas afirmam que há punições e rios sob a terra, e se aderirmos ao significado literal delas não seremos prejudicados. Mas eles são deficientes nisso, pois como seu significado aparente não prejudica, muitas vezes nos contentamos com isso e não exploramos a verdade latente. Podemos também dizer que as fábulas filosóficas procuram os inimigos da alma. Caso fôssemos inteiramente intelectuais e não tivéssemos nenhuma conexão com a fantasia, não precisaríamos de fábulas pelo fato de sempre nos associarmos a naturezas intelectuais. Se, por outro lado, fôssemos inteiramente irracionais e vivêssemos de acordo com a fantasia, e não tivéssemos outra energia além dessa, seria necessário que toda a nossa vida fosse fabulosa. Como, no entanto, possuímos intelecto, opinião e fantasia as demonstrações são dadas com vistas ao intelecto e, por isso, Platão diz que se você estiver disposto a se energizar de acordo com o intelecto terá demonstrações amarradas com correntes adamantinas. Já estiver de acordo com a opinião terá o testemunho de pessoas renomadas, e se estiver de acordo com a fantasia terá fábulas pelas quais ela é excitada, de modo que de tudo isso você obterá vantagem.

Platão, portanto, rejeita o modo mais trágico de tornar os poetas antigos parte da mitologia, aqueles que julgavam apropriado estabelecer uma teologia arcana a respeito dos deuses e, por essa razão, inventaram andanças, castrações, batalhas e lacerações dos deuses e muitos outros símbolos da verdade sobre as naturezas divinas que essa teologia oculta. Esse modo ele rejeita e afirma que é, em todos os aspectos, o mais estranho à erudição. Mas ele considera aqueles discursos mitológicos sobre os deuses como mais persuasivos e mais adaptados à verdade, que afirmam que uma natureza divina é a causa de todo o bem, mas não de nenhum mal, e que ela é vazia de toda mutação, compreendendo em si mesma a fonte da verdade, mas nunca se tornando a causa de qualquer engano para os outros. Para esses tipos de teologia, Sócrates apresenta a *República*.

Todas as fábulas de Platão, portanto, que guardam a verdade em ocultação, não têm sequer seu aparato aparente externamente discordante com nossas antecipações indisciplinadas e não pervertidas da divindade. Mas elas trazem consigo uma imagem da composição mundana na qual tanto a beleza aparente é digna da divindade quanto uma beleza mais divina do que essa é estabelecida nas vidas e poderes não aparentes de suas causas.

Em seguida, para que o leitor possa ver de onde e de quais diálogos, principalmente os dogmas teológicos de Platão, podem ser coletados, apresentarei a ele a seguinte tradução do que Proclo admiravelmente escreveu sobre esse assunto.

"A verdade (diz ele) a respeito dos deuses permeia, como posso dizer, todos os diálogos platônicos, e em todos eles as concepções da primeira filosofia, veneráveis, claras e sobrenaturais, são disseminadas, em alguns de forma mais obscura, mas em outros de forma mais evidente – concepções que excitam aqueles que são de alguma forma capazes de participar delas, à essência imaterial e separada dos deuses. E como em cada parte do Universo e na própria natureza o responsável pela criação de tudo o que o mundo contém estabeleceu semelhanças com a essência desconhecida dos deuses, para que todas as coisas pudessem ser convertidas à divindade por meio de sua aliança com ela, da mesma forma sou de opinião que o intelecto divino de Platão tece concepções sobre os deuses com toda a sua progênie, e não deixa nada privado da menção da divindade, para que de toda a sua progênie uma reminiscência de naturezas totais possa ser obtida e transmitida aos amantes genuínos das preocupações divinas".

E o filósofo neoplatônico grego Proclo continua: "Mas se for necessário colocar diante do leitor aqueles diálogos, dentre muitos, que principalmente nos revelam a disciplina mística sobre os deuses, não errarei em classificar entre esse número o *Fedro*, o *Banquete* e o *Filebo*, e junto a eles o *Sofista* e o *Político*, o *Crátilo* e o *Timeu*. Todos eles estão repletos, como posso dizer, da ciência divina de Platão. Mas eu colocaria em segundo lugar, depois desses, a fábula no *Górgias*, e aquela no *Protágoras*, da mesma forma as afirmações sobre a providência dos deuses nas *Leis*, e coisas como as que são proferidas sobre os destinos, ou a mãe dos destinos, ou as circulações do Universo, no décimo livro da *República*. Novamente, você pode, se quiser, colocar na terceira posição aquelas epístolas por meio das quais podemos chegar à ciência sobre as naturezas divinas. Pois nelas é feita menção aos três reis, e muitos outros dogmas divinos dignos da teoria platônica são apresentados. Portanto, é necessário, com relação a elas, explorar cada ordem dos deuses.

Assim, com base no *Filebo* podemos receber a ciência a respeito do bem único e dos dois primeiros princípios das coisas (limitado e infinito), juntamente à tríade que subsiste por meio deles. Pois você encontrará tudo isso claramente entregue a nós por Platão nesse diálogo. Mas do *Timeu* você pode obter a teoria sobre os inteligíveis, uma narração divina sobre a criação demiúrgica e a verdade mais completa sobre os deuses mundanos. Do *Fedro* você pode aprender todos os gêneros inteligíveis e intelectuais, bem como as ordens liberadas dos deuses, que estão proximamente estabelecidas acima das circulações celestiais. Do *Político*, você pode obter a teoria da criação nos céus, dos períodos do Universo e das causas intelectuais desses períodos. Mas com o *Sofista* você pode aprender toda a geração sublunar e o idioma dos deuses que estão alocados na região sublunar e presidem suas gerações e corrupções. E com relação a cada um dos deuses, podemos obter muitas concepções sagradas no *Banquete*, muitas do *Crátilo* e muitas do *Fedro*. Em cada um desses mencionados diálogos é feita mais ou menos menção a nomes divinos, com base nos quais é fácil para aqueles que estão exorcizados em preocupações divinas descobrir, por um processo de raciocínio, as expressões idiomáticas de cada um.

É necessário, no entanto, evidenciar que cada um dos dogmas está de acordo com os princípios platônicos e as tradições místicas dos teólogos. Pois toda a teologia grega é a progênie da doutrina mística de Orfeu; Pitágoras, antes de tudo, aprendeu com Aglaofemo as origens dos deuses, mas Platão, em segundo lugar, recebeu uma ciência perfeita das divindades dos escritos pitagóricos e órficos. Pois no diálogo intitulado *Filebo*, ao referir-se à teoria sobre as duas formas de princípios (limitado e infinito) aos pitagóricos, ele os chama de homens que habitam com os deuses e são verdadeiramente abençoados. Filolau, portanto, o pitagórico, deixou para nós, por escrito, concepções admiráveis sobre esses princípios, celebrando sua progressão comum em seres e sua fabricação separada. Novamente, no *Timeu*, esforçando-se para nos ensinar sobre os deuses sublunares e sua ordem, Platão voa para os teólogos, chama-os de filhos dos deuses e faz deles os pais da verdade sobre essas divindades.

E, por fim, ele apresenta as ordens dos deuses sublunares que procedem do todo, de acordo com a progressão apresentada pelos teólogos dos reis intelectuais. Além disso, no *Crátilo* ele segue as tradições dos teólogos a respeito da ordem das processões divinas. Mas no *Górgias* ele adota o dogma homérico, respeitando as hipóstases triádicas dos demiurgos. E, em suma, em todos os lugares ele discorre sobre os deuses de acordo com os princípios dos teólogos ao rejeitar, de fato, a parte trágica da ficção mitológica, uma vez que estabelece as primeiras hipóteses em comum com os autores de fábulas.

Talvez, no entanto, alguém possa nos objetar que não exibimos de maneira adequada a teologia de Platão, que se encontra dispersa por toda a parte, e que nos esforçamos para amontoar diferentes particularidades de distintos diálogos, como se estivéssemos estudando a coleta de muitas coisas em uma única mistura, em vez de derivá-las todas de uma mesma fonte. Se essa fosse a nossa intenção poderíamos mesmo atribuir diferentes dogmas a tratados distintos de Platão, mas não teremos de forma alguma uma doutrina anterior a respeito dos deuses, tampouco haverá qualquer diálogo que nos apresente uma processão perfeita e completa dos gêneros divinos e sua coordenação entre si. Mas seremos semelhantes àqueles que se esforçam para obter um todo originado de partes, pela falta de um todo anterior[31] às partes, e para tecer juntos o perfeito com base em coisas imperfeitas, quando, ao contrário, o imperfeito deveria ter a primeira causa de sua geração no perfeito. O diálogo *Timeu*, por exemplo, nos ensinará a teoria dos gêneros inteligíveis, e o *Fedro* parece nos apresentar um relato regular das primeiras ordens intelectuais. Mas onde estará a coordenação dos intelectuais com os inteligíveis? E qual será a geração da segunda natureza por meio da primeira? Em suma, não poderemos evidenciar de que maneira a progressão das ordens divinas ocorre pelo princípio único de todas as coisas e como, nas gerações dos deuses, as ordens entre o número único e o número todo perfeito são preenchidas.

---

31 NOTA DE THOMAS TAYLOR – Um todo anterior às partes é aquele que contém causalmente partes em si mesmo. Tais partes também, quando procedem de sua subsistência causal oculta e têm um ser distinto próprio, são, no entanto, compreendidas, embora de uma maneira diferente, em seu todo produtor.

Ademais, pode-se dizer, onde estará a venerabilidade de sua alardeada ciência sobre as naturezas divinas? Pois é absurdo chamar esses dogmas, que são coletados de muitos lugares, de platônicos, e que, como você reconhece, são reduzidos de nomes estrangeiros à filosofia de Platão. Tampouco você é capaz de evidenciar toda a verdade sobre as naturezas divinas. Talvez, de fato, eles dirão que certas pessoas, inferiores a Platão, entregaram em seus escritos, e deixaram para seus discípulos, uma forma perfeita de filosofia. Você, portanto, é capaz de produzir uma teoria completa sobre a natureza embasada do *Timeu*, mas tomando como referência *República*, ou *Leis*, os mais belos dogmas sobre a moral, e que tendem a uma forma de filosofia. Portanto, negligenciando sozinho o tratado de Platão, que contém todo o bem da primeira filosofia, e que pode ser chamado de o ápice de toda a teoria, você será privado do mais perfeito conhecimento dos seres, a menos que você esteja tão apaixonado a ponto de se vangloriar por conta de ficções fabulosas, embora uma análise de coisas desse tipo abunde com muito do provável, mas não do fundamento. Além disso, coisas desse tipo são apresentadas apenas acidentalmente nos diálogos platônicos, como a fábula no *Protágoras*, que é inserida por causa da ciência política, e as demonstrações a respeito dela. Da mesma forma, a fábula na *República* é inserida por causa da justiça, e no *Górgias*, por causa da temperança. Platão combina narrações fabulosas com investigações de dogmas éticos, não por causa das fábulas, mas por causa do projeto principal, para que possamos não apenas exercitar a parte intelectual da alma, por meio de razões conflitantes, mas para que a parte divina da alma possa receber mais perfeitamente o conhecimento dos seres, por meio de sua simpatia com preocupações mais místicas. Com outros discursos nos assemelhamos àqueles que são obrigados a receber a verdade, mas com as fábulas somos afetados de uma maneira inefável e invocamos nossas concepções não pervertidas, venerando a informação mística que elas contêm.

Portanto, como me parece, *Timeu*, com grande propriedade, considera adequado que produzamos os gêneros divinos, seguindo os inventores de fábulas como filhos dos deuses, e subscrevendo que eles sempre geram naturezas secundárias originadas das primeiras, embora devam falar sem demonstração. Esse tipo de discurso não é fundamentado, mas sim contestável, ou a progênie da inspiração divina, e foi inventado pelos antigos, não por necessidade, mas por uma questão de persuasão, não em relação à disciplina nua, mas à simpatia com as próprias coisas. Se você estiver disposto a especular não apenas as causas das fábulas, mas também de outros dogmas teológicos, verá que alguns deles estão espalhados nos diálogos platônicos por motivos éticos e outros por considerações físicas. No *Filebo* Platão discorre sobre o limite e o infinito, em nome do prazer e de uma vida de acordo com o intelecto. Creio que esses últimos são espécies dos primeiros. No *Timeu* o discurso sobre os deuses inteligíveis é assumido por causa da fisiologia proposta. Por essa razão, é sempre necessário que as imagens sejam conhecidas por meio de paradigmas, mas que os paradigmas das coisas materiais sejam imateriais, dos sensíveis, inteligíveis, e das formas físicas, separadas da natureza. No *Fedro* Platão celebra o lugar supercelestial, a profundidade subcelestial e todos os gêneros abaixo disso por causa da mania que desperta o amor, a maneira pela qual a reminiscência das almas ocorre, e a passagem para elas por esse ponto. Em todos os lugares, no entanto, o fim principal, como posso dizer, é físico ou político, ao passo que as concepções sobre as naturezas divinas são introduzidas para fins de invenção ou perfeição. Como, portanto, uma teoria como a platônica pode ser mais venerável e sobrenatural, e digna de ser estudada além de qualquer coisa, quando ela não é capaz de evidenciar o todo em si mesma, tampouco o perfeito nem aquilo que é precedente nos escritos de Platão, mas é destituída de tudo isso, é violenta e não espontânea, e não possui uma ordem genuína, mas adventícia, como em um drama? E esses são os detalhes que podem ser argumentados contra nosso projeto.

A essa objeção, darei uma resposta justa e perspicaz. Digo, então, que Platão discorre sobre os deuses em todos os lugares de acordo com as opiniões antigas e a natureza das coisas. E às vezes, de fato, em razão da causa das coisas propostas, ele as reduz aos princípios dos dogmas e, a então, como de um lugar elevado de pesquisa, contempla a natureza da coisa proposta. Mas algumas vezes ele estabelece a ciência teológica como o principal fim. No *Fedro* seu assunto diz respeito à beleza inteligível e à participação da beleza que permeia todas as coisas. Já no *Banquete* diz respeito à ordem amatória, isto é, que desperta o amor.

Se for necessário considerar, em um diálogo platônico, o todo perfeito, inteiro e conectado, estendendo-se até o número completo da teologia, talvez eu afirme um paradoxo, e que só será aparente para nossos familiares. No entanto, devemos ousar, já que começamos a análise, e afirmar contra nossos oponentes que o *Parmênides* e as concepções místicas desse diálogo realizarão tudo o que vocês desejam. Nesse diálogo todos os gêneros divinos procedem em ordem originada da primeira causa, e evidenciam sua suspensão mútua entre si. E aqueles que são, de fato, os mais elevados, conectados com o uno e de natureza primária, recebem uma forma de subsistência, caracterizada pela unidade, oculta e simples. Já aqueles que são os últimos são multiplicados, distribuídos em muitas partes e se sobressaem em número, mas são inferiores em poder àqueles que são de uma ordem mais elevada. E aqueles que são intermediários, de acordo com uma proporção conveniente, são mais compostos do que suas causas, mas mais simples do que a própria progênie. E, em resumo, todos os axiomas da ciência teológica aparecem em perfeição nesse diálogo, e todas as ordens divinas são exibidas subsistindo em conexão. De modo que isso nada mais é do que a célebre geração dos deuses, e a procissão de todo tipo de ser gerada da inefável e desconhecida causa do todo.[32] O Parmênides, portanto, acende nos amantes de Platão a luz completa e perfeita da ciência teológica. Depois disso, os diálogos mencionados distribuem partes da disciplina mística sobre os deuses, e todos eles, como posso dizer, participam da sabedoria divina e estimulam nossas concepções espontâneas a respeito de uma natureza divina.

E é necessário remeter todas as partes dessa disciplina mística a esses diálogos, e esses novamente à única e perfeita teoria de *Parmênides*. Assim, como me parece, suspenderemos o mais imperfeito do perfeito, e as partes do todo, e exibiremos razões assimiladas às coisas das quais, de acordo com o *Timeu* platônico, elas são intérpretes. Essa, então, é a nossa resposta à objeção que pode ser levantada contra nós, e assim remetemos a teoria platônica ao *Parmênides*,

---

32 NOTA DE THOMAS TAYLOR – O princípio de todas as coisas é celebrado pela filosofia platônica como a causa do todo, porque por meio da transcendência do poder ele produz primeiro os poderes no Universo que se classificam como todo e, depois, aqueles que se classificam como partes por meio deles. De acordo com isso, Zeus, o artífice do Universo, é quase sempre chamado de o demiurgo das partes.

como o *Timeu* é reconhecido por todos que têm o menor grau de inteligência para conter toda a ciência sobre a natureza.

Todo o exposto, afirmado por Proclo, será imediatamente admitido pelo leitor que compreende as linhas gerais que demos aqui sobre a teologia de Platão e que, além disso, é um mestre completo do significado místico do *Parmênides*. Acredito que ele encontrará suficientemente desdobrado, com a ajuda de Proclo, na introdução e nas notas desse diálogo.

O próximo dogma platônico importante em ordem é a doutrina relativa às ideias, sobre a qual o leitor encontrará tanto nas notas sobre o *Parmênides*, que pouco resta a ser acrescentado aqui. Esse pouco, entretanto, é o seguinte: o divino Pitágoras e todos aqueles que legitimamente receberam suas doutrinas, entre os quais Platão ocupa a posição mais célebre, afirmaram que há distintas ordens de seres, a saber: inteligíveis e sensíveis, ou, em suma, essências vitais e corpóreas. A progressão das coisas, a sujeição que naturalmente subsiste junto a tal progressão e o poder da diversidade em gêneros coordenados dão subsistência a toda a multidão de naturezas corpóreas e incorpóreas. Eles disseram, portanto, que há três ordens em toda a extensão dos seres, a inteligível, a dianoética[33] e a sensível, e que em cada uma delas subsistem ideias, caracterizadas pelas respectivas propriedades essenciais das naturezas nas quais elas estão contidas. E com respeito às ideias inteligíveis, elas foram colocadas entre as naturezas divinas, juntamente às causas produtoras, paradigmáticas e finais das coisas em uma ordem consequente. Se essas três causas às vezes concorrem e estão unidas entre si (o que Aristóteles diz ser o caso), sem dúvida isso não acontecerá nas obras mais baixas da natureza, mas nas primeiras e mais excelentes causas de todas as coisas, que, em função de sua exuberante fecundidade, têm um poder gerador de todas as coisas e, por converterem e tornarem semelhantes a si mesmas as naturezas que geraram, são os paradigmas ou exemplos de todas as coisas. Mas como essas causas divinas agem por si mesmas, e por causa da própria bondade, elas não exibem a causa final? Uma vez que, portanto, as formas inteligíveis são desse tipo, e são os líderes de tanto bem para o todo, elas dão conclusão às ordens divinas, embora subsistam em

---

33 Termo usado por Platão para designar um tipo de conhecimento, particularmente conhecimento de assuntos matemáticos e técnicos.

grande parte sobre a ordem inteligível contida no artífice do Universo. Mas as formas ou ideias dianoéticas imitam as intelectuais, que têm uma subsistência anterior, tornam a ordem da alma semelhante à ordem intelectual e compreendem todas as coisas em um grau secundário.

Essas formas observadas nas naturezas divinas possuem um poder de contar fábulas, mas conosco elas são apenas gnósticas, e não mais demiúrgicas por causa do defluxo de nossas asas ou da degradação de nossos poderes intelectuais. Como diz Platão no *Fedro*, quando os poderes alados da alma estão perfeitos e com plumas para voar, ela habita nas alturas e, em conjunto às naturezas divinas, governa o mundo. No *Timeu* ele afirma manifestamente que o demiurgo implantou essas formas dianoéticas nas almas, em proporções geométricas, aritméticas e harmônicas, mas em sua *República* (na seção de uma linha no sexto livro) ele as chama de imagens de inteligíveis. Por essa razão, não desdenha, em sua maior parte, de denominá-las intelectuais, como sendo os exemplares de naturezas sensíveis. No *Fedro* ele diz que essas são as causas para nós da reminiscência, porque as disciplinas nada mais são do que reminiscências das formas dianoéticas médias, das quais os poderes produtivos da natureza, sendo derivados e inspirados, dão origem a todos os fenômenos mundanos.

Platão, no entanto, não considerava as coisas definíveis ou, na linguagem moderna, as ideias abstratas, como os únicos universais, mas sim estabeleceu os princípios produtivos da ciência que residem essencialmente na alma, como é evidente tanto no *Fedro* quanto no *Fédon*. Também no décimo livro da *República* ele venera as formas separadas que subsistem em um intelecto divino. No *Fedro* ele afirma que as almas elevadas ao lugar supercelestial contemplam a própria justiça, a própria temperança e a própria ciência; e, por fim, no *Fédon* ele evidencia a imortalidade da alma por meio da hipótese de formas separadas.

O filósofo neoplatonista grego Siriano, em seu comentário sobre o 13º livro da *Metafísica*, de Aristóteles, mostra em defesa de Sócrates, Platão, os parmenideanos e pitagóricos, que as ideias não foram introduzidas por esses homens divinos de acordo com o significado usual dos nomes, como era a opinião de Crisipo, Arcedemo e muitos dos estoicos, pois as ideias são distinguidas por muitas diferenças das coisas que são denominadas pelo costume. Tampouco subsistem, diz ele, juntamente ao intelecto, da mesma forma que aquelas concepções delgadas que são denominadas universais abstraídos dos sensíveis, de acordo com a hipótese de Longino, porque, se aquilo que subsiste é insubstancial, não pode ser subsistir atrelado ao intelecto.

Tampouco as ideias são, de acordo com esses homens, noções, como Cleantes posteriormente afirmou que elas são. Tampouco a ideia é razão definida, sequer forma material, pois elas subsistem em composição e divisão, e se aproximam da matéria. Mas as ideias são naturezas perfeitas, simples, imateriais e imparáveis. E que maravilha há, diz Siriano, se devemos separar coisas que estão tão distantes uma da outra? Já que também não imitamos nesse particular Plutarco, Ático e Demócrito, que, porque as razões universais subsistem perpetuamente na essência da alma, eram da opinião de que essas razões são ideias. Embora eles as separem do universal em naturezas sensíveis, ainda assim não é apropriado juntar em uma e mesma coisa a razão da alma, e um intelecto como o nosso, com formas paradigmáticas e imateriais, e intelecções demiúrgicas. Mas, como diz o célebre Platão, é da alçada de nossa alma reunir as coisas em uma só, por meio de um processo de raciocínio, e possuir uma reminiscência daqueles espetaculos transcendentes que uma vez contemplamos quando governávamos o Universo em parceria com a divindade. Boécio[34], também peripatético, isto é, que seguia os ensinamentos de Aristóteles, o qual é apropriado juntar a Cornuto, pensava que as ideias são o mesmo que os universais nas naturezas sensíveis. No entanto, se esses universais são anteriores aos particulares, eles não são anteriores de modo a serem destituídos do hábito que possuem com relação a eles, tampouco subsistem como causas dos particulares. Ambos são partidários das ideias; ou se eles são posteriores aos particulares, como muitos estão acostumados a chamá-los, como podem as coisas de origem posterior, que não têm subsistência essencial, mas não são nada mais do que concepções delgadas, sustentar a dignidade de ideias fabulosas?

---

[34] Filósofo grego frequentemente citado por Simplícius em seu *Comentário sobre os Predicamentos*, e não deve, portanto, ser confundido com Boécio, o senador e filósofo romano.

De que maneira, então, diz Siriano, as ideias subsistem de acordo com os amantes contemplativos da verdade? Nós respondemos, inteligivelmente e por causa e efeito, no próprio animal, ou a extremidade da ordem inteligível; mas intelectualmente e matematicamente, no intelecto do artífice do Universo. De acordo com o Hino Pitagórico, "o número divino procede dos retiros da mônada não decaída, até chegar à tétrade divina que produziu a mãe de todas as coisas, o recipiente universal, venerável, investindo circularmente todas as coisas com limites, imóvel e incansável, e que é denominado o decadente sagrado, tanto pelos deuses imortais quanto pelos homens nascidos na terra".

E esse é o modo de sua subsistência de acordo com Orfeu, Pitágoras e Platão. Ou, se for necessário falar em linguagem mais familiar, um intelecto suficiente para si mesmo, e que é a causa mais perfeita, preside o todo do Universo e, por meio dele, governa todas as suas partes, ao mesmo tempo que fabrica todas as naturezas mundanas e as beneficia com suas energias providenciais, preserva a própria pureza mais divina e imaculada. Embora ilumine todas as coisas, não se mistura com as naturezas que ilumina. Esse intelecto, portanto, compreendendo nas profundezas de sua essência um mundo ideal, repleto de todas as várias formas, exclui de sua energia a privação da causa e a subsistência casual. Mas, ao conferir todo bem e toda beleza possível às suas criações, ele converte o Universo a si mesmo e o torna semelhante à sua natureza oniforme, isto é, que pode ter todas as formas. Sua energia também é semelhante à sua intelecção, mas ela compreende todas as coisas, pois é a mais perfeita. Portanto, não há nada que se classifique entre os seres verdadeiros que não esteja compreendido na essência do intelecto. Ele sempre estabelece em si mesmo ideias que não são diferentes de si mesmo e de sua essência, mas que o completam e introduzem no conjunto das coisas uma causa que é ao mesmo tempo produtiva, paradigmática e final. Pois ela energiza como intelecto, e as ideias que ela contém são paradigmáticas, como sendo formas; e elas energizam por si mesmas, e de acordo com sua bondade exuberante. E esses são os dogmas platônicos a respeito das ideias, aos quais o sofisma e a ignorância podem, de fato, se opor, mas nunca serão capazes de contestar.

Por esse mundo inteligível, repleto de ideias oniformes, esse mundo sensível, de acordo com Platão, flui perpetuamente, dependendo de seu intelecto artífice, da mesma forma que a sombra de sua substância formadora. Como uma divindade de característica intelectual é seu fabricante, e tanto a essência quanto a energia do intelecto são estabelecidas na eternidade, o Universo sensível, que é o efeito ou produção de tal energia, deve subsistir conectado a sua causa, ou, em outras palavras, deve ser uma emanação perpétua dela. Isso fica evidente ao se considerar que tudo o que é gerado é gerado pela arte ou pela natureza, ou de acordo com o poder. É necessário, portanto, que toda coisa que opera de acordo com a natureza ou a arte seja anterior às coisas produzidas; mas que as coisas que operam de acordo com o poder tenham suas produções coexistentes com elas mesmas. O Sol produz luz coexistente com ele mesmo, o fogo, o calor, ao passo que a neve, frieza. Se, portanto, o artífice do Universo o produzisse pela arte, ele não o faria simplesmente ser, mas ser de alguma maneira particular, porque toda arte produz forma. De onde, portanto, o mundo deriva seu ser? Se ele o produziu da natureza, uma vez que aquilo que faz por natureza transmite algo de si mesmo às suas produções, e o criador do mundo é incorpóreo, seria necessário que o mundo, a prole de tal energia, fosse incorpóreo. Permanece, portanto, que o demiurgo produziu o Universo apenas pelo poder, mas toda coisa gerada pelo poder subsiste junto à causa que contém esse poder. Portanto, a produção desse tipo não pode ser destruída a menos que a causa produtora seja privada de poder. O intelecto divino, portanto, que produziu o Universo sensível, determinou que ele fosse coexistente com ele mesmo.

Esse mundo, portanto, dependente de seu divino artífice, que é ele próprio um mundo inteligível repleto das ideias arquetípicas de todas as coisas, considerado de acordo com sua natureza corpórea, está perpetuamente fluindo e perpetuamente avançando para o ser e, comparado com seu paradigma, não tem estabilidade ou realidade de ser. No entanto, considerado como animado por uma alma divina, recebendo as iluminações de todos os deuses supramundanos e sendo ele próprio o receptáculo de divindades das quais os corpos são suspensos, Platão diz no *Timeu* que ele é um deus abençoado. O grande corpo deste mundo também, que subsiste em uma dispersão perpétua de extensão temporal, pode ser adequadamente chamado de um todo com uma subsistência total, por causa da perpetuidade de sua duração, embora isso não seja nada mais do que uma eternidade fluida. Por isso, Platão a chama de um todo de todos, pelos outros todos que estão compreendidos em seu significado, as esferas celestes, a esfera do fogo, todo o ar considerado como um grande orbe, toda a terra e todo o mar. Essas esferas, que são chamadas pelos escritores platônicos de partes com uma subsistência total, são consideradas por Platão perpétuas. Se o corpo deste mundo é perpétuo, esse também deve ser o caso de suas partes maiores, por causa de sua aliança requintada com ele, e para que as partes inteiras com uma subsistência parcial, como todos os indivíduos, possam ser classificadas na última gradação das coisas.

Assim como o mundo, considerado como um grande todo abrangente, é chamado por Platão de animal divino, da mesma forma cada todo que ele contém é um mundo, possuindo, em primeiro lugar, uma unidade autoperfeita, proveniente do inefável, pela qual se torna um deus. Em segundo lugar, um intelecto divino, em terceiro lugar, uma alma divina e, em último lugar, um corpo deificado. Portanto, cada um desses conjuntos é a causa produtora de toda a multidão que ele contém e, por essa razão, é dito ser um todo anterior às partes; porque, considerado como possuidor de uma forma eterna que mantém todas as suas partes juntas e dá ao todo a perpetuidade da subsistência, ele não é dependente de tais partes para a perfeição de seu ser. O fato de que esses conjuntos, que ocupam uma posição tão elevada no Universo, são animados deve ser seguido por uma necessidade geométrica. Pois, como bem observa Teofrasto, os inteiros teriam menos autoridade do que as partes, e as coisas eternas do que as corruptíveis, se privadas da posse da alma.

E agora, tendo com asas aventureiras, mas sem presunção, ascendido ao princípio inefável das coisas, e estando com todos os olhos fechados nos vestíbulos do *adytum*[35], descobrimos que não podíamos anunciar nada a respeito dele, mas apenas indicar nossas dúvidas e desapontamentos, e tendo descido até sua progênie oculta e mais venerável, e pas-

---

35 O local mais sagrado de adoração em um templo antigo, no qual os leigos eram proibidos de entrar.

sando pelo luminoso mundo das ideias, segurando firme pela corrente dourada da divindade, terminamos nosso voo descendente no universo material e em suas partes em decomposição, vamos parar um pouco e contemplar a sublimidade e a magnificência da cena que essa jornada apresenta à nossa vista. Aqui, então, vemos o vasto império da divindade, um império terminado acima por um princípio tão inefável que toda linguagem é subvertida em torno dele, e abaixo, pelo vasto corpo do mundo. Imediatamente após esse imenso desconhecido, contemplamos, em seguida, um poderoso princípio abrangente que, por estar próximo ao que é incompreensível em todos os aspectos, possui muito do inefável e desconhecido. Baseado nesse princípio de princípios, segundo o qual todas as coisas subsistem casualmente absorvidas em luz superessencial e envolvidas em profundezas insondáveis, vemos uma bela progênie de princípios, todos participando amplamente do inefável, todos estampados com os caracteres ocultos da divindade, todos possuindo uma plenitude transbordante de bem. Por meio desses cumes deslumbrantes, dessas flores inefáveis, dessas propagações divinas, vemos em seguida o ser, a vida, o intelecto, a alma, a natureza e o corpo dependendo; mônadas[36] suspensas de unidades, naturezas deificadas procedentes de divindades. Cada uma dessas mônadas também é a líder de uma série que se estende de si mesma até a última das coisas e que, enquanto procede, ao mesmo tempo permanece e retorna à sua líder. E todos esses princípios e toda a sua progênie estão finalmente centrados e enraizados, por seus cumes, no primeiro grande ser que tudo compreende. Assim, todos os seres procedem do primeiro ser e são compreendidos por ele; todos os intelectos emanam de um primeiro intelecto; todas as almas de uma primeira alma; todas as naturezas florescem de uma primeira natureza; e todos os corpos procedem do corpo vital e luminoso do mundo. E, por fim, todas essas grandes mônadas estão compreendidas na primeira, com base na qual tanto elas quanto todas as suas séries dependentes se desdobram em luz. Portanto, essa primeira é verdadeiramente a unidade

---

36 Mônada: do latim tardio, monas, do grego *monás*, unidade. 1. Termo de origem provavelmente pitagórica, usado na filosofia antiga para designar os elementos simples de que o Universo é composto. Platão aplica o termo mônada às ideias ou formas (MÔNADA. **Dicionário de Filosofia**. Disponível em: https://sites.google.com/view/sbgdicionariodefilosofia/m%C3%B4nada. Acesso em: 30 out. 2023).

das unidades, a mônada das mônadas, o princípio dos princípios, o Deus dos deuses, uma e todas as coisas, e ainda uma anterior a todas.

De acordo com Platão, esses são os voos do verdadeiro filósofo, essa é a cena magnífica que se apresenta à sua visão. Ao ascender a essas alturas luminosas, as tendências espontâneas da alma para a divindade encontram o objeto adequado de seu desejo; a investigação repousa finalmente somente aqui, a dúvida expira na certeza e o conhecimento se perde no inefável.

E aqui, talvez, algum objetor grave, cuja pequena alma é de fato aguda, mas não vê nada com uma visão saudável e sadia, dirá que tudo isso é muito magnífico, mas que está subindo alto demais para o ser humano, que é meramente o efeito do orgulho espiritual, e que nenhuma verdade, seja na moralidade, seja na teologia, é de qualquer importância que não esteja adaptada ao nível da capacidade mais medíocre. Dirá ainda que tudo o que é necessário para o ser humano saber a respeito de Deus ou de si mesmo é tão claro, que aquele que corre pode ler. Em resposta a essa cantilena, que nada mais é do que uma fastidiosa narrativa produzida pela mais profunda ignorância e frequentemente acompanhada da mais deplorável inveja, eu pergunto: o preceito de Delfos, CONHEÇA A SI MESMO, é um mandato trivial? Isso pode ser realizado por todos os seres humanos? Ou alguém pode se conhecer adequadamente sem saber a posição que ocupa na escala do ser? E isso pode ser feito sem saber quais são as naturezas que ele supera e quais são aquelas pelas quais ele é superado? E pode ele saber isso sem conhecer o máximo possível dessas naturezas? E será que o opositor será corajoso o suficiente para dizer que todo indivíduo está à altura dessa árdua tarefa? Que aquele que sai correndo da forja ou das minas, com uma alma distorcida, esmagada e machucada pelas artes mecânicas básicas, e loucamente presume ensinar teologia a um público iludido, é o mestre dessa ciência sublime e importantíssima?

De minha parte, não conheço verdades que sejam assim óbvias, assim acessíveis a todo ser humano, a não ser axiomas, aqueles princípios autoevidentes da ciência que são conspícuos por sua luz, que são as concepções espontâneas e não pervertidas da alma, e para os quais aquele que não concorda merece, como Aristóteles justamente observa, pena ou correção. Em suma, se esse deve ser o critério de todo conhecimento moral e teológico, que deve ser imediatamente óbvio para todas as pessoas, que deve ser apreendido pela inspeção mais descuidada, que ocasião há para seminários de aprendizado? A educação é ridícula, o trabalho de investigação é inútil. Vamos imediatamente confinar a sabedoria nas masmorras da insensatez, retirar a ignorância de suas selvagens e bárbaras florestas, e fechar os portões da ciência com grades eternas.

Tendo assim feito um levantamento geral do grande mundo e descido do Universo inteligível para o sensível, vamos ainda, aderindo àquela corrente dourada que está ligada ao cume do Olimpo e da qual todas as coisas estão suspensas, descer ao microcosmo humano. Pois o ser humano compreende em si mesmo parcialmente tudo o que o mundo contém divina e totalmente. Portanto, de acordo com Plutão, ele é dotado de um intelecto que subsiste em energia e de uma alma racional proveniente do mesmo pai e deusa vivificadora que foram as causas do intelecto e da alma do Universo. Da mesma forma, ele tem um veículo etéreo análogo aos céus e um corpo terrestre, composto dos quatro elementos, e com o qual também está coordenado.

Com relação à sua parte racional, pois nela consiste a essência do ser humano, já mostramos que ela é de natureza automotiva e que subsiste entre o intelecto, que é imóvel tanto em essência quanto em energia, e a natureza, que tanto se move quanto é movida. Em consequência dessa subsistência intermediária, a alma mundana, da qual todas as almas parciais são derivadas, é dita por Platão no *Timeu* como sendo um meio entre o que é indivisível e o que é divisível em relação aos corpos, ou seja, a alma mundana é um meio entre o intelecto mundano e toda a vida corpórea da qual o mundo participa. Da mesma forma, a alma humana é um meio entre um intelecto daimoníaco[37] próximo, estabelecido acima

---

37   2. A ideia do *daimon* como uma espécie de "anjo da guarda" ainda é visível em Platão (Rep. 620d), embora uma tentativa de fuga ao fatalismo implícito na crença popular pelo fato das almas individuais escolherem já o seu próprio *daimon* (Rep. 617e). Se este *daimon* individual está ou não dentro de nós foi muito discutido na filosofia posterior. 3. Mas uma outra noção, a do *daimon* como uma figura intermédia entre os Olímpicos e os mortais, está também presente em Platão. Os verdadeiros deuses habitavam o *aither* enquanto os *daimones* menores habitavam o *aer* inferior e exerciam uma providência direta sobre as ações dos homens (DAIMON. **Dicionário de Filosofia**. Disponível em: https://sites.google.com/view/sbgdicionariodefilosofia/daimon. Acesso em: 30 out. 2023).

de nossa essência, que também eleva e aperfeiçoa, e aquela vida corpórea que é distribuída em nosso corpo e que é a causa de sua geração, nutrição e aumento. Esse intelecto daimoníaco é chamado por Platão, no *Fedro*, de teórico e governador da alma. A parte mais elevada da alma humana, portanto, é o ápice do poder dianoético, ou aquele poder que raciocina cientificamente; e esse ápice é o nosso intelecto. Como, entretanto, nossa essência é caracterizada pela razão, esse nosso ápice é racional e, embora subsista em energia, ainda assim tem uma união remida com as próprias coisas. Embora também energize por si mesmo e contenha inteligíveis em sua essência, ainda assim, por sua aliança com a natureza discursiva da alma e sua inclinação para o que é divisível, fica aquém da perfeição de uma essência e energia intelectuais profundamente indivisíveis e unidas, e os inteligíveis que contém degeneram da natureza transcendentemente plena e autoluminosa dos primeiros inteligíveis. Portanto, para obter um conhecimento perfeitamente indivisível ele precisa ser aperfeiçoado por um intelecto cuja energia é sempre vigilante e incessante, e seus inteligíveis para que possam se tornar perfeitos são dependentes da luz que procede dos inteligíveis separados. Aristóteles, portanto, compara muito apropriadamente os inteligíveis de nosso intelecto às cores, porque elas requerem o esplendor do Sol, e denomina um intelecto desse tipo, intelecto em capacidade, tanto por causa de sua subordinação a um intelecto essencial quanto porque é de um intelecto separado que ele recebe a plena perfeição de sua natureza. A parte intermediária da alma racional é chamada por Platão de *dianoia*, aquele poder que raciocina cientificamente, derivando os princípios de seu raciocínio, que são axiomas do intelecto. E a extremidade da alma racional é a opinião, que no *Sofista* ele define como aquele poder que conhece a conclusão da *dianoia*. Esse poder também conhece o universal em particularidades sensíveis, como o fato de que todo ser humano é bípede, mas conhece apenas o *oti*, ou que uma coisa é, mas ignora o *dioti*, ou por que ela é. O conhecimento do último tipo é a província do poder dianoético.

E essa é a divisão de Platão da parte racional de nossa natureza, que ele considera, com muita justiça, como o verdadeiro ser humano, a essência de cada coisa consiste em sua parte mais excelente.

Depois disso, segue-se a natureza irracional, cujo ápice é a fantasia, ou aquele poder que percebe tudo acompanhado de figura e intervalo, razão pela qual pode ser chamado de inteligência figurada. Esse poder, como Jâmblico belamente observa, agrupa, por assim dizer, e modela todos os poderes da alma, excitando na opinião as iluminações dos sentidos, e fixando naquela vida que é estendida com o corpo, as impressões que descem do intelecto. Assim, diz Proclo, ele se dobra em torno da indivisibilidade do verdadeiro intelecto, conforma-se a todas as espécies sem forma e se torna perfeitamente cada coisa, da qual consiste o poder dianoético e nossa razão indivisível. Assim, também, todas as coisas são passivamente o que o intelecto é impassivelmente, e por isso Aristóteles o chama de intelecto passivo. Sob ele subsistem a raiva e o desejo, o primeiro assemelhando-se a um leão furioso, e o segundo, a uma besta de muitas cabeças. O todo é limitado pelo sentido, que nada mais é do que uma percepção passiva das coisas e, por essa razão, Platão diz justamente que é mais paixão do que conhecimento, uma vez que o primeiro é caracterizado pela vigilância, e o segundo, pela energia.

Além disso, para que a união da alma com esse corpo terrestre grosseiro possa ser efetuada de uma maneira de fato, dois veículos, de acordo com Platão, são necessários como meios, um dos quais é etéreo e o outro aéreo, e desses, o veículo etéreo é simples e imaterial, mas o aéreo, simples e material, e esse corpo terrestre denso é composto e material.

A alma, assim, subsistindo como um meio entre naturezas imparciais e aquelas que são divididas em corpos, produz e constitui a última delas, mas estabelece em si mesma as causas anteriores das quais ela procede. Portanto, ele recebe previamente, à maneira de um exemplar, as naturezas às quais ele é anterior como sua causa, mas ele possui através da participação, e como as flores das primeiras naturezas, as causas de sua subsistência. Portanto, ela contém em sua essência formas imateriais de coisas materiais, incorpóreas de coisas que são corpóreas, e estendidas de coisas que são distinguidas por intervalo. Mas ela contém inteligíveis à maneira de uma imagem e recebe parcialmente suas formas imparciais, tais como as que são uniformes de forma variada e as que são imóveis, de acordo com uma condição automotiva. A alma, portanto, é todas as coisas, e é elegantemente dita pelo escritor da educação clássica Olímpiodoro como uma estátua oniforme, pois ela contém coisas que são primeiras através da participação, mas que são posteriores à sua natureza, à maneira de um exemplar.

Assim, também ele é sempre movido, e esse sempre não é eterno, mas temporal, pois aquilo que é propriamente eterno, e tal é o intelecto, é perfeitamente estável e não tem energias transitivas, por isso é necessário que seus movimentos sejam periódicos. O movimento é uma certa mutação de algumas coisas em outras. E os seres são terminados por multidões e magnitudes. Portanto, sendo eles terminados, não pode haver uma mutação infinita, de acordo com uma linha reta, tampouco pode aquilo que é sempre movido proceder de acordo com uma progressão acabada. Logo, aquilo que é sempre movido procederá do mesmo para o mesmo, e assim formará um movimento periódico. Por isso, o ser humano, e isso também é verdade para toda alma mundana, usa períodos e restituições da própria vida. Pois, em consequência de ser medida pelo tempo, ela se energiza transitivamente e possui um movimento próprio. Mas toda coisa que é movida perpetuamente e participa do tempo gira periodicamente e procede do mesmo para o mesmo. Portanto, a alma, por possuir movimento e se energizar de acordo com o tempo, possuirá períodos de movimento e restituições ao seu estado primitivo.

Mais uma vez, como a alma humana, de acordo com Platão, está entre o número daquelas almas que às vezes seguem as divindades mundanas, em consequência de subsistir imediatamente após os demônios e heróis, os assistentes perpétuos dos deuses, ela possui o poder de descer infinitamente à geração, ou à região sublunar, e de ascender da geração ao ser real. Pois, uma vez que não reside com a divindade em um tempo infinito, tampouco estará em contato com os corpos durante todo o tempo subsequente. Aquilo que não tem um começo temporal, tanto de acordo com Platão quanto com Aristóteles, não pode ter um fim; e aquilo que não tem um fim, necessariamente não tem um começo. Resta, portanto, que toda alma deve realizar períodos, tanto de elevações da geração, quanto de diminuições na geração; e que isso nunca falhará, através de um tempo infinito.

De tudo isso se conclui que a alma, na qualidade de habitante da Terra, está em uma condição decaída, apóstata da divindade, exilada do orbe da luz. Por isso, Platão, no sétimo livro de sua *República*, considerando nossa vida com referência à erudição e à falta dela, nos equipara a pessoas em uma caverna subterrânea, que foram confinados ali desde a infância, presos por correntes de modo que só conseguem olhar diante de si para a entrada da caverna que se expande para a luz, mas incapazes de se virar por causa da corrente. Ele supõe também que eles têm a luz de uma fogueira acesa bem acima e atrás deles; e que, entre a fogueira e as pessoas acorrentadas, há uma estrada acima, ao longo da qual foi construído um muro baixo. Nesse muro são vistas pessoas carregando utensílios de todo tipo, e estátuas de madeira e pedra de seres humanos e outros animais. Entre esses seres humanos, alguns estão falando e outros em silêncio. Com relação aos que estão acorrentados nessa caverna, eles não veem nada de si mesmos ou de outro, ou do que está sendo carregado, a não ser as sombras formadas pelo fogo que cai na parte oposta da caverna. Ele supõe também que a parte oposta dessa prisão tem um eco; e que, em consequência disso, as pessoas acorrentadas, quando ouvirem alguém falar, imaginarão que não é nada mais do que a sombra que passa.

Em primeiro lugar, o caminho acima, entre o fogo e os homens acorrentados, indica que há uma certa ascensão na própria caverna, de uma vida mais abjeta para uma mais elevada. Com essa ascensão, portanto, Platão se refere à contemplação de objetos dianoéticos nas disciplinas matemáticas. Pois como as sombras na caverna correspondem às sombras dos objetos visíveis, e os objetos visíveis são as imagens imediatas das formas dianoéticas, ou seja, aquelas ideias das quais a alma participa essencialmente, é evidente que os objetos dos quais essas sombras são formadas devem corresponder àqueles que são dianoéticos. É necessário, portanto, que o poder dianoético, exercendo-se nesses objetos, extraia os princípios deles de seus recônditos latentes e os contemple, não em imagens, mas como subsistindo em si mesmos em involução imparável.

No próximo lugar, ele diz "que o homem que deve ser conduzido da caverna verá mais facilmente o que os céus contêm, e os próprios céus, olhando à noite para a luz das estrelas e da lua, do que de dia olhando para o Sol e a luz do Sol". Com isso ele quer dizer a contemplação dos inteligíveis, pois as estrelas e sua luz são imitações dos inteligíveis, uma vez que todas elas participam da forma do Sol, da mesma forma que os inteligíveis são caracterizados pela natureza do bem.

Após a contemplação desses elementos, e depois que os olhos se acostumarem à luz por meio deles, assim como é necessário, na região visível, ver o próprio Sol em último lugar, da mesma forma, de acordo com Platão, a ideia do bem deve ser vista em último lugar na região inteligível. Ele, da mesma forma, acrescenta divinamente que ela dificilmente pode ser vista, pois só podemos nos unir a ela através do inteligível, no vestíbulo do qual ela é contemplada pela alma ascendente.

Em suma, o frio, de acordo com Platão, só pode ser restaurado enquanto estiver na Terra à semelhança divina, que ela abandonou em sua descida, e ser capaz, após a morte, de reascender ao mundo inteligível, pelo exercício das virtudes catártica e teórica. A primeira, purificando-a das impurezas de uma natureza mortal, e a última elevando-a à visão do verdadeiro ser, pois assim, como Platão diz no *Timeu*, "a alma, tornando-se sã e inteira, chegará à forma de seu hábito primitivo". O catártico, no entanto, deve necessariamente preceder as virtudes teóricas, uma vez que é impossível examinar a verdade enquanto se está sujeito à perturbação e ao tumulto das paixões. Pois a alma racional, subsistindo como um meio entre o intelecto e a natureza irracional, só pode então, sem repulsa, associar-se ao intelecto anterior a ela mesma, quando se torna pura da copassividade às naturezas inferiores. Pelas virtudes catárticas, portanto, nos tornamos sãos, em consequência de sermos liberados das paixões como doenças, mas nos tornamos inteiros pela reassunção do intelecto e da ciência como nossas partes próprias, e isso é efetuado pela verdade contemplativa. Platão também nos ensina claramente que nossa apostasia das melhores naturezas só pode ser curada por uma fuga delas, quando ele define, em seu *Teeteto*, que a filosofia é uma fuga dos males terrestres. Ele evidencia com isso que as paixões são centradas apenas nos mortais. Ele também diz, no mesmo diálogo, "que nem o mal pode ser abolido, tampouco subsiste com os deuses, mas que eles necessariamente giram em torno desta morada terrestre e de uma natureza mortal". Aqueles que se submetem à geração e à corrupção também podem ser afetados de maneira contrária à natureza, que é o início dos males. Mas no mesmo diálogo ele acrescenta o modo pelo qual nossa fuga do mal deve ser realizada. "É necessário", diz Platão, "voar daqui para lá, mas a fuga é uma semelhança com a divindade, tanto quanto é possível ao ser humano. E essa semelhança consiste em se tornar justo e santo em conjunto à prudência intelectual". É necessário que aquele que deseja fugir dos males deva, em primeiro lugar, afastar-se da natureza mortal, uma vez que não é possível para aqueles que estão misturados com ela evitar serem preenchidos com os males que a acompanham. Como, portanto, por meio de nossa fuga da divindade e da deflação das asas que nos elevam ao alto, caímos nessa morada mortal e, assim, ficamos ligados aos males, então, abandonando a passividade com uma natureza mortal e pela germinação das virtudes, como de certas asas, retornamos à morada do bem puro e verdadeiro e à posse da felicidade divina. A essência de muitos, subsistindo como um meio entre as naturezas demoníacas, que sempre têm um conhecimento intelectual da divindade, e aqueles seres que nunca são adaptados pela natureza para compreendê-la, ascende à primeira e desce à segunda, por meio da posse e da deserção do intelecto. Pois ela se familiariza tanto com a semelhança divina quanto com a brutal, por meio da condição anfíbia de sua natureza.

Quando a alma, portanto, recuperou sua perfeição primitiva em um grau tão grande quanto possível, na condição de uma habitante da Terra, pelo exercício das virtudes catárticas e teóricas, ela retorna após a morte, como ele diz no *Timeu*, à sua estrela semelhante, da qual ela caiu, e desfruta de uma vida abençoada. Então, também, como ele diz no *Fedro*, sendo alada, ela governa o mundo em conjunto com os deuses. E esse é, de fato, o mais belo fim de seus trabalhos. Isso é o que ele chama no *Fedro* de uma grande disputa e uma poderosa esperança. Este é o fruto mais perfeito da filosofia: familiarizá-la e conduzi-la de volta às coisas verdadeiramente belas, libertá-la dessa morada terrestre como de uma certa caverna subterrânea da vida material, elevá-la aos esplendores etéreos e colocá-la nas ilhas dos bem-aventurados.

Dessa descrição da alma humana segue-se necessariamente o mais importante dogma platônico, o de que nossa alma contém essencialmente todo o conhecimento e que qualquer conhecimento que ela adquira na vida presente, na realidade, nada mais é do que uma recuperação do que ela já possuiu. Essa recuperação é muito apropriadamente chamada por

Platão de reminiscência, não por ser acompanhada de uma lembrança real na vida presente, mas sim por ser uma retomada real do que a alma havia perdido por meio de sua união inconsciente com o corpo. Aludindo a esse conhecimento essencial da alma, que a disciplina evoca de seus retiros adormecidos, Platão diz no *Sofista*, "que conhecemos todas as coisas como em um sonho, e voltamos a ignorá-las, de acordo com a percepção vigilante". Por isso também, como Proclo bem observa, é evidente que a alma não coleta seu conhecimento dos sensíveis, tampouco das coisas parciais e divisíveis descobre o todo e o uno. Pois não é adequado pensar que coisas que não têm, em nenhum aspecto, uma subsistência real, devam ser as causas principais do conhecimento para a alma, e que coisas que se opõem umas às outras e são ambíguas devam preceder a ciência que tem uma mesma subsistência. Muito menos que coisas que são variadamente mutáveis devam ser geradoras de razões que são estabelecidas em unidade, tampouco que coisas indefinidas devam ser as causas da inteligência definida. Não é adequado, portanto, que a verdade das coisas eternas seja recebida dos muitos nem a discriminação dos universais dos sensíveis, tampouco um julgamento a respeito do que é bom das naturezas irracionais, mas é necessário que a alma, entrando em si mesma, investigue por si mesma as verdadeiras, as boas e as eternas razões das coisas.

Já dissemos que a disciplina desperta o conhecimento adormecido da alma, e Platão considerava que isso era particularmente realizado pela disciplina matemática. Por isso, ele afirma sobre a Aritmética teórica que ela nos dá uma grande ajuda para nossa ascensão ao ser real e que nos liberta da perambulação e da ignorância sobre uma natureza sensível. A Geometria também é considerada por ele como a mais instrumental para o conhecimento do bem, quando não é buscada para fins práticos, mas como o meio de ascensão a uma essência inteligível. A Astronomia também é útil para o propósito de investigar o criador de todas as coisas e contemplar, como nas imagens mais esplêndidas, o mundo ideal e sua causa inefável. E, por fim, a música, quando estudada adequadamente, é subserviente à nossa ascensão, ou seja, quando por meio do sensível nos voltamos para a contemplação da harmonia ideal e divina. A menos, entretanto, que empreguemos dessa forma a disciplina matemática, o estudo dela é justamente considerado por Platão imperfeito e inútil, e sem valor. Pois como o verdadeiro fim do ser humano, de acordo com sua filosofia, é a assimilação à divindade, na maior perfeição de que a natureza humana é capaz, tudo o que contribui para isso deve ser ardentemente buscado, ao passo que tudo o que tem uma tendência diferente, por mais necessário que seja para as necessidades e conveniências da mera vida animal, é comparativamente pequeno e vil. Portanto, é necessário passar rapidamente das coisas visíveis e audíveis para aquelas que são vistas apenas pelos olhos do intelecto. As ciências matemáticas, quando adequadamente estudadas, movem o conhecimento inerente da alma, despertam sua inteligência, purificam seu poder dianoético, chamam suas formas essenciais de seus retiros adormecidos, removem o esquecimento e a ignorância que são congênitos com nosso nascimento, e dissolvem os laços decorrentes de nossa união com uma natureza irracional. Por isso, Platão, no sétimo livro de sua *República*, disse com muita beleza "que a alma, por meio dessas disciplinas, tem um órgão purificado e iluminado, que é cegado e enterrado por estudos de um tipo diferente, um órgão que vale mais a pena salvar do que dez mil olhos, já que a verdade se torna visível somente por meio dele".

A dialética, no entanto, ou o vértice das ciências matemáticas, como é chamada por Platão em sua *República*, é a disciplina que nos leva particularmente a uma essência inteligível. Dessa primeira das ciências, que é essencialmente diferente da lógica vulgar, e é a mesma que Aristóteles chama de primeira filosofia e sabedoria. Basta, portanto, observar aqui que a dialética difere da ciência matemática no fato de que a última decorre da hipótese, e a primeira é desprovida dela. Que a dialética tem o poder de conhecer universal, que ela ascende ao bem e à causa suprema de tudo, e que ela considera o bem como o fim de sua elevação. Já a ciência matemática, que fabrica previamente para si mesma princípios definidos, com base nos quais ela evidencia coisas consequentes a tais princípios, não tende ao princípio, mas sim à conclusão. Por isso, Platão não expulsa o conhecimento matemático do número das ciências, mas afirma que ele é o próximo na classificação daquela ciência que é o ápice de todas, tampouco o acusa como ignorante de seus princípios, mas o considera como se os recebesse da ciência mestre dialética, e que, possuindo-os sem qualquer demonstração, demonstra embasado neles suas proposições consequentes.

Por isso, Sócrates, na *República*, falando do poder da dialética, diz que ela envolve todas as disciplinas como um cerco defensivo e eleva aqueles que a usam ao próprio bem e às primeiras unidades, que ela purifica os olhos da alma, estabelece-se nos seres verdadeiros e no princípio único de todas as coisas, e termina finalmente naquilo que não é mais hipotético. O poder da dialética, portanto, sendo tão grande, e os fins desse caminho tão poderosos, não deve, de forma alguma, ser confundido com argumentos que estão apenas familiarizados com a opinião, pois o primeiro é o guardião das ciências, e a passagem para ele é através delas, mas o último é perfeitamente destituído de ciência disciplinadora. Ao que podemos acrescentar que o método de raciocínio que é fundado na opinião considera apenas aquilo que é aparente, ao passo que o método dialético se esforça para chegar ao próprio um, sempre empregando para esse propósito degraus de ascensão, e finalmente termina maravilhosamente na natureza do bem. Muito diferente, portanto, é o método dialético do método meramente lógico, que preside a fantasia demonstrativa, é de natureza secundária e se satisfaz apenas com discussões contenciosas. Pois a dialética de Platão emprega, em sua maior parte, divisões e análises como ciências primárias, e como imitação da progressão dos seres por meio do uno, e sua conversão a ele novamente. Da mesma forma, às vezes usa definições e demonstrações e, antes disso, o método definitivo, e o divisivo, antes disso. Por outro lado, o método meramente lógico, que se limita à opinião, é privado dos raciocínios incontestáveis da demonstração.

A seguir, um exemplo do método analítico da dialética de Platão. Há três espécies de análise. Uma é uma ascensão dos sensíveis aos primeiros inteligíveis; a segunda é uma ascensão através de coisas demonstradas e subdemonstradas, a proposições imediatas e não demonstradas; e a terceira procede da hipótese acerca de princípios não hipotéticos. Da primeira dessas espécies, Platão deu um exemplo admirável no discurso de Diotima no *Banquete*. Pois lá ele ascende da beleza dos corpos para a beleza das almas, e dessa para a beleza das disciplinas corretas, e dessa novamente para a beleza das leis, e da beleza das leis para o amplo mar da beleza e, assim procedendo, ele finalmente chega ao belo em si.

A segunda espécie de análise é a seguinte: é necessário fazer da coisa investigada o objeto da hipótese. Pesquisar as coisas que são anteriores a ela, e demonstrá-las com base nas coisas posteriores, ascendendo àquelas que são anteriores, até chegarmos à primeira coisa e à qual damos nosso assentimento. Mas, começando com isso, descemos sinteticamente até a coisa investigada. Dessa espécie, o seguinte é um exemplo do *Fedro* de Platão. Pergunta-se se a alma é imortal, e sendo isso hipoteticamente admitido, pergunta-se, em seguida, se ela é sempre movida. Demonstrado isso, a próxima indagação é se aquilo que é sempre movido é automovido; e novamente demonstrado isso, considera-se se aquilo que é automovido é o princípio do movimento e, posteriormente, se o princípio é imortal. Sendo isso então admitido como uma coisa reconhecida, e da mesma forma que o que é gerado é incorruptível, a demonstração da coisa proposta é assim reunida. Se existe um princípio, ele é imortal e incorruptível. Aquilo que é movido por si mesmo é o princípio do movimento. A alma é movida por si mesma. A alma, portanto, (isto é, a alma racional) é incorruptível, imortal e não gerada.

Da terceira espécie de análise, que procede do hipotético para o que não é hipotético, Platão deu um belo exemplo na primeira hipótese de seu *Parmênides*. Tomando como hipótese que o um é, ele procede por meio de uma série ordenada de negações, que não são privativas de seus sujeitos, mas geradoras de coisas que são, por assim dizer, seus opostos, até que finalmente elimina a hipótese de que o um é. Pois ele nega a ele todo discurso, e não o faz por meio de um discurso que não seja o de um. Pois ele nega a ele todo discurso e toda denominação. E, assim, evidentemente nega não apenas o fato de ser, mas até a negação. Pois todas as coisas são posteriores ao um, a saber, as coisas conhecidas, o conhecimento e os instrumentos do conhecimento. E assim, começando pelo hipotético, ele termina naquilo que não é hipotético e que é verdadeiramente inefável.

Tendo feito uma análise geral, tanto do grande mundo quanto do microcosmo homem, encerrarei este relato dos principais dogmas de Platão com as linhas gerais de sua doutrina a respeito da Providência e do destino, pois é um assunto da maior importância e as dificuldades em que está envolvido são felizmente removidas por esse príncipe dos filósofos.

Em primeiro lugar, a Providência, de acordo com as concepções comuns, é a causa do bem para os sujeitos ao seu cuidado, ao passo que o destino é a causa de uma certa conexão com as naturezas geradas. Sendo isso admitido, vamos considerar quais são as coisas que estão conectadas. Dos seres, portanto, alguns têm sua essência na eternidade, e outros no tempo. Mas, por seres cuja essência está na eternidade, quero dizer aqueles cuja energia, assim como sua essência, é eterna. Já por seres essencialmente temporais entendemos aqueles cuja essência está sempre em geração, ou tornando-se ser, embora isso deva ocorrer em um tempo infinito. A média entre esses dois extremos são naturezas que, em um certo aspecto, têm uma essência permanente e melhor do que a geração, ou uma subsistência fluida, mas cuja energia é medida pelo tempo. É necessário que toda relação das coisas primeiras às últimas seja efetuada por meio da mencionada média. O meio, portanto, entre esses dois extremos, deve ser ou o que tem uma essência eterna, mas qualquer energia indigente do tempo, ou, ao contrário, o que tem uma essência temporal, mas uma energia eterna. É impossível, entretanto, que a última dessas opções tenha qualquer subsistência, porque se isso fosse admitido a energia seria anterior à essência. O meio, portanto, deve ser aquele cuja essência é eterna, mas a energia é temporal. E as três ordens que compõem esse primeiro, meio e último são a intelectual, a psíquica (ou aquela pertencente à alma) e a corpórea. Com base no que foi dito por nós a respeito da gradação dos seres, é evidente que a ordem intelectual é estabelecida na eternidade, tanto em essência quanto em energia, bem como que a ordem corpórea está sempre em geração, ou avançando para a existência, e isso em um tempo infinito ou em uma parte do tempo. E que a psíquica, por sua vez, é de fato eterna em essência, mas temporal em energia. Onde, então, devemos classificar as coisas que, sendo distribuídas em lugares ou tempos, têm certa coordenação e simpatia umas com as outras por meio da conexão? É evidente que elas devem ser classificadas entre as naturezas movida por elementos externos e corpóreos. Das coisas que subsistem além da ordem dos corpos, algumas são melhores tanto do que o lugar quanto do que o tempo, outras, embora se energizem de acordo com o tempo, parecem ser inteiramente puras de qualquer conexão com o lugar.

Portanto, as coisas que são governadas e conectadas pelo destino são inteiramente motivadas por elementos externos e corpóreos. Se isso for demonstrado, é evidente que, admitindo-se que o destino seja uma causa de conexão, devemos afirmar que ele preside as naturezas movida por elementos externos e corpóreos. Se, portanto, olharmos para aquilo que é a causa próxima dos corpos, e por meio do qual também os seres dependem de elementos externos são movidos, respiram e são mantidos juntos, descobriremos que essa é a natureza, cujas energias são para gerar, nutrir e aumentar. Se, portanto, esse poder não apenas subsiste em nós e em todos os outros animais e plantas, mas antes dos corpos parciais há, por uma necessidade muito maior, também uma natureza do mundo que compreende e é o motivo de todos os corpos, segue-se que a natureza deve ser a causa das coisas conectadas, e que nisso devemos investigar o destino. Portanto, o destino é a natureza, ou aquele poder incorpóreo que é a única vida do mundo, presidindo os corpos, movendo todas as coisas de acordo com o tempo e conectando os movimentos das coisas que, por lugares e tempos, estão distantes umas das outras. É também a causa da simpatia mútua das naturezas mortais e de sua conjunção às que são eternas. Pois a natureza que está em nós liga e conecta todas as partes de nosso corpo, do qual também é um certo destino. E assim como em nosso corpo algumas partes têm uma subsistência principal, e outras são menos principais, e as últimas são consequências das primeiras, assim também no Universo as gerações das partes menos principais são consequências dos movimentos das mais principais, ou seja, as gerações sublunares aos períodos dos corpos celestes, e o círculo das primeiras é a imagem das últimas.

Portanto, não é difícil perceber que a Providência é a própria divindade, a fonte de todo o bem. Porque, de onde o bem pode ser transmitido a todas as coisas, senão da divindade? De modo que nenhuma outra causa do bem, a não ser a divindade, deve ser atribuída, como diz Platão. E, em segundo lugar, como essa causa é superior a todas as naturezas inteligíveis e sensíveis, ela é consequentemente superior ao destino. O que quer que também esteja sujeito ao destino está sob o domínio da Providência, tendo sua conexão de fato do destino, mas derivando o bem que possui da Providência. Novamente, nem todas as coisas que estão sob o domínio da Providência são dependentes do destino, uma vez que os inteligíveis estão isentos de seu domínio. O destino, portanto, está profundamente relacionado às naturezas corpóreas, uma vez que a conexão introduz o tempo e o movimento corpóreo. Portanto, Platão, observando isso, diz no *Timeu* que o mundo é misturado de intelecto e necessidade, o primeiro governando o segundo. Por necessidade aqui ele quer dizer a causa motriz dos corpos, que em outros lugares ele chama de destino. E isso com grande propriedade, uma vez que todo corpo é compelido a fazer o que quer que faça, e a sofrer o que quer que sofra, a aquecer ou ser aquecido, a transmitir ou receber frio. Mas o poder eletivo é desconhecido para uma natureza corpórea, de modo que o necessário e o não seletivo podem ser considerados peculiaridades dos corpos.

Como há dois gêneros de coisas, portanto, o inteligível e o sensível, da mesma forma há dois reinos deles, o da Providência, acima, que reina sobre o inteligível e o sensível, e o do destino, abaixo, que reina apenas sobre o sensível. A Providência também difere do destino da mesma forma que a divindade difere daquilo que é divino de fato, mas com participação, e não primariamente. Em outras coisas vemos aquilo que tem uma subsistência primária e aquilo que subsiste de acordo com a participação. Assim, a luz que subsiste na órbita do Sol é luz primária, e a que está no ar, de acordo com a participação, a última sendo derivada da primeira. E a vida está primariamente na alma, mas secundariamente no corpo. Assim também, de acordo com Platão, a Providência é divindade, mas o destino é algo divino, e não um deus em razão de depender da Providência, da qual é como se fosse a imagem. Assim como a Providência é para os inteligíveis, o destino é para os sensíveis. E, alternadamente, como a Providência está para o destino, assim estão os inteligíveis para os sensíveis. Mas os inteligíveis são o primeiro dos seres, e deles derivam a subsistência dos outros. E, portanto, a ordem do destino depende do domínio da Providência.

Em segundo lugar, olhemos para a própria natureza racional, quando ela corrige a imprecisão da informação sensível, como quando acusa a visão de engano, ao ver a órbita do Sol como não maior que um pé de diâmetro; quando reprime as ebulições da raiva e exclama com Ulisses: "Suporta meu coração". Ou quando restringe as tendências desenfreadas do desejo ao deleite corpóreo. Pois, em todas essas operações, ele manifestamente subjuga os movimentos irracionais, tanto o conhecimento das coisas divinas que repercute na condição espiritual do ser humano quanto o desejo de gozos materiais, e se absolve deles, como de coisas estranhas à sua natureza. Mas é necessário investigar a essência de cada coisa, não embasado em sua perversão, mas em suas energias de acordo com a natureza. Se, portanto, a razão, quando se energiza em nós como razão, restringe as impressões sombrias das delícias do desejo licencioso, pune o movimento precipitado da fúria e reprova os sentidos como cheios de engano, afirmando que: "Nós nada precisamos, ou vemos, ou ouvimos", e se ele diz isso, olhando para suas razões internas, nenhuma das quais ele conhece através do corpo, ou através de cognições corpóreas, é evidente que, de acordo com essa energia, ele se afasta dos sentidos, contrariando a decisão da qual ele se separa dessas tristezas e delícias.

Depois disso, vamos direcionar nossa atenção para outro e melhor movimento de nossa alma racional, quando, durante a tranquilidade das partes inferiores, por uma energia autoconversora, ela vê a própria essência, as potências que ela contém, as razões harmônicas das quais ela consiste, e as muitas vidas das quais ela é a fronteira intermediária, e assim encontra a si mesma como um mundo racional, a imagem das naturezas anteriores, das quais ela procede, mas o paradigma daquelas que são posteriores a ela. Para essa energia da alma a Aritmética teórica e a Geometria contribuem grandemente, pois elas a removem dos sentidos, purificam o intelecto das formas irracionais de vida com as quais ele está cercado e o conduzem à percepção incorpórea das ideias. Pois se essas ciências recebem a alma repleta de imagens, e não conhecem nada sutil e desacompanhado de garrulice material, e se elucidam razões que possuem uma necessidade irrefragável de demonstração, e formas cheias de toda certeza e imaterialidade, e que de modo algum chamam em seu auxílio a imprecisão dos sensíveis, não purificam evidentemente nossa vida intelectual de coisas que nos enchem de uma privação de intelecto, e que impedem nossa percepção do verdadeiro ser?

Após essas duas operações da alma racional, vamos agora examinar sua inteligência mais elevada, por meio da qual ela vê suas almas irmãs no Universo, que têm residência nos céus e em toda a natureza visível, de acordo com a vontade do criador do mundo. Mas, acima de todas as almas, ela vê essências e ordens intelectuais. Um intelecto deiforme reside acima de toda alma, e que também confere à alma um hábito intelectual. Antes disso, porém, ela vê aquelas mônadas divinas, das quais todas as multidões intelectuais recebem suas uniões. Pois acima de todas as coisas unidas deve haver necessariamente causas unificadoras; acima das coisas vivificadas, causas vivificadoras; acima das naturezas intelectuais, aquelas que transmitem o intelecto; e acima de todos os participantes, naturezas imparticipáveis. Fundamentados em todos esses modos de elevação da inteligência, deve ser óbvio para aqueles que não são perfeitamente cegos, como a alma, deixando o sentido e o corpo para trás, pesquisem, por meio das energias de projeção do intelecto, aqueles seres que estão inteiramente isentos de qualquer conexão com uma natureza corpórea.

A alma racional e intelectual, portanto, de qualquer maneira que possa ser movida de acordo com a natureza, está além do corpo e do sentido. E, portanto, ela deve necessariamente ter uma essência separada de ambos. Baseado nisso, novamente, torna-se manifesto que, quando ela se energiza de acordo com sua natureza, é superior ao destino e está além do alcance de seu poder atrativo. No entanto, ao cair no sentido e nas coisas irracionais e corporificadas ela segue naturezas e vidas descendentes, com elas como com vizinhos embriagados, então, juntamente a elas, torna-se sujeita ao domínio do destino. É necessário que haja uma ordem de seres de tal espécie que subsistam de acordo com a essência acima do destino, mas que às vezes sejam classificados sob ele de acordo com o hábito. Pois se existem seres, e tais são todas as naturezas intelectuais que são eternamente estabelecidas acima das leis do destino, e também que, de acordo com toda a sua vida, são distribuídas sob os períodos do destino, é necessário que o meio entre elas seja aquela natureza que está às vezes acima e às vezes sob o domínio do destino. A relação das naturezas incorpóreas é muito mais sem vácuo do que a dos corpos.

O livre-arbítrio, portanto, do homem, de acordo com Platão, é um poder racional eletivo, desejoso do bem verdadeiro e aparente, e que conduz a alma a ambos, através do qual ela sobe e desce, erra e age com retidão. Portanto, a vontade eletiva é a mesma que caracteriza nossa essência. De acordo com esse poder, diferimos das naturezas divina e mortal, pois cada uma delas é desprovida dessa dupla inclinação. Uma, por causa de sua excelência, é estabelecida somente no bem verdadeiro, ao passo que a outra, no bem aparente, por causa de seu defeito. O intelecto também caracteriza um, mas o sentido caracteriza o outro, e o primeiro, como diz Plotino, é nosso rei, mas o segundo é nosso mensageiro. Portanto, estamos estabelecidos no poder eletivo como um meio, e tendo a capacidade de tender tanto para o bem verdadeiro quanto para o aparente. Quando tendemos para o primeiro, seguimos a orientação do intelecto, quando para o segundo, a do sentido. Portanto, o poder que está em nós não é capaz de todas as coisas. O poder que é onipotente é caracterizado pela unidade, por essa razão é todo-poderoso, porque é uno e possui a forma do bem. Mas o poder eletivo é duplo e, por isso, não é capaz de realizar todas as coisas, porque por suas inclinações para o bem verdadeiro e aparente fica aquém daquela natureza que é anterior a todas as coisas. No entanto, ela seria todo-poderosa se não tivesse um impulso eletivo e fosse apenas vontade. Pois uma vida que subsiste apenas de acordo com a vontade subsiste de acordo com o bem, porque a vontade tende naturalmente para o bem, e tal vida torna o que é característico em nós mais poderoso e tem a forma de uma divindade. Por meio disso, a alma, de acordo com Platão, torna-se divina e, em outra vida, em conjunto à divindade, governa o mundo. E assim são grande parte das linhas gerais dos principais dogmas da filosofia de Platão.

Dissemos que essa filosofia, a princípio, brilhou por meio de Platão com um esplendor oculto e venerável, e é pela maneira oculta como é apresentada por ele que sua profundidade não foi sondada até muitas eras depois de sua promulgação e, quando sondada, foi tratada por leitores superficiais com desprezo. Platão, de fato, não é o único a apresentar sua filosofia de forma oculta, pois esse era o costume de todos os grandes antigos, um costume que não se originou de um desejo de se tornar tirano no conhecimento e manter a multidão na ignorância, mas de uma profunda convicção de que as verdades mais sublimes são profanadas quando claramente reveladas ao vulgar. Isso, de fato, deve ocorrer necessariamente, uma vez que, como Sócrates em Platão observa com justiça, "não é lícito que o puro seja tocado pelo impuro", e a multidão não está purificada das impurezas do vício nem da escuridão da dupla ignorância. Portanto, enquanto estiverem duplamente impuros, é tão impossível para eles perceberem os esplendores da verdade, quanto um olho enterrado na lama ver a luz do dia.

A profundidade dessa filosofia, então, não parece ter sido perfeitamente penetrada, exceto pelos discípulos imediatos de Platão, por mais de quinhentos anos após sua primeira propagação. Embora Crantor, Ático, Albino, Galeno e Plutarco fossem homens de grande gênio, e não tivessem uma proficiência comum em realizações filosóficas, eles parecem não ter desenvolvido a profundidade das concepções de Platão. Eles não retiraram o véu que cobria seu significado secreto, como as cortinas que protegiam o *adytum* dos templos dos olhos profanos, e eles não viram que tudo por trás do véu é luminoso, e que há espetáculos divinos em todos os lugares que se apresentam à vista. Essa tarefa foi reservada a homens que nasceram, de fato, em uma época mais baixa, mas que, tendo recebido uma natureza semelhante à de seu líder, eram os verdadeiros intérpretes de suas especulações místicas. Os mais conspícuos deles são o grande Plotino, o mais erudito Porfírio, o divino Jâmblico, o mais perspicaz Sírio, Proclo, a consumação da excelência filosófica, o magnífico Hierocles, o concisamente elegante Salústio e o mais inquisitivo Damáscio. Por esses homens, que eram verdadeiramente elos da corrente dourada da divindade, tudo o que é sublime, tudo o que é místico nas doutrinas de Platão (e elas estão repletas de ambos em um grau transcendente), foi liberado de sua obscuridade e desdobrado na luz mais agradável e admirável. Seus trabalhos, no entanto, foram recebidos de forma ingrata. A bela luz que eles benevolentemente revelaram tem iluminado a filosofia em seus retiros desolados, como uma lâmpada brilhando em alguma estátua venerável em meio a ruínas escuras e solitárias. A previsão do mestre foi infelizmente cumprida por esses seus mais excelentes discípulos. "Pois uma tentativa desse tipo", diz ele, "só será benéfica para alguns poucos, que por pequenos vestígios, previamente demonstrados, são capazes de descobrir esses detalhes obscuros. Mas, com relação ao resto da humanidade, alguns serão preenchidos com um desprezo nada elegante, e outros com uma esperança elevada e arrogante de que agora aprenderão certas coisas excelentes". Assim, com relação a esses homens admiráveis, os últimos e mais legítimos seguidores de Platão, alguns, por serem totalmente ignorantes dos dogmas obscuros de Platão e por encontrarem esses intérpretes cheios de concepções que não são de forma alguma óbvias para qualquer um nos escritos daquele filósofo, concluíram imediatamente que tais concepções são meros jargões que não são verdadeiramente platônicos e que não são nada mais do que riachos que, embora originalmente derivados de uma fonte pura, tornaram-se poluídos pela distância de sua fonte. Outros, que não prestam atenção a nada além da mais refinada pureza da linguagem, desprezam todos os escritores que viveram após a queda do Império macedônico, como se a dignidade e o peso do sentimento fossem inseparáveis de uma dicção esplêndida e precisa, ou como se fosse impossível a existência de escritores elegantes em uma era degenerada. Isso está tão longe de ser o caso que, embora o estilo de Plotino[38] e Jâmblico não seja de forma alguma comparável ao de Platão, essa inferioridade se perde na profundidade e sublimidade de suas concepções e é tão pouco considerada pelo leitor inteligente quanto as partículas em um raio de sol pelo olho que se volta alegremente para a luz solar,

---

38 NOTA DE THOMAS TAYLOR – Parece que os críticos intemperantes que acharam apropriado injuriar Plotino, o líder dos últimos platonistas, não prestaram atenção ao testemunho de Longino sobre esse homem maravilhoso, conforme preservado por Porfírio em sua vida sobre ele. Pois Longino diz que "embora ele não concorde inteiramente com muitas de suas hipóteses, ainda assim admira e ama a forma de sua escrita, a densidade de suas concepções e a maneira filosófica com que suas questões são dispostas". E em outro lugar ele diz: "Plotino, ao que parece, explicou os princípios pitagóricos e platônicos mais claramente do que aqueles que o antecederam; pois nem os escritos de Numênio, Cronius, Moderatus e Thrasyllus podem ser comparados aos de Plotino sobre esse assunto". Depois de um testemunho como esse de um crítico consumado como Longino, os escritos de Plotino não têm nada a temer da censura imbecil dos críticos modernos. Devo apenas observar que Longino, no testemunho citado, não dá a menor sugestão de ter encontrado quaisquer correntes poluídas ou corrupção das doutrinas de Platão nas obras de Plotino. Não há, de fato, o menor vestígio de que ele tenha alimentado tal opinião em qualquer parte do que ele disse sobre esse homem extraordinário. Essa descoberta foi reservada para o crítico mais perspicaz dos tempos modernos, que, por meio de uma felicidade de conjectura desconhecida pelos antigos e com a ajuda de um bom índice, pode em poucos dias penetrar no significado do mais célebre escritor da Antiguidade e desafiar até mesmo a decisão de Longino.

Quanto ao estilo de Porfírio, quando consideramos que ele foi discípulo de Longino, a quem Eunápio elegantemente chama de "uma certa biblioteca viva e um museu ambulante", é razoável supor que ele tenha absorvido alguma parte da excelência de seu mestre na escrita. O fato de que ele fez isso é abundantemente evidente a partir do testemunho de Eunápio, que elogia particularmente seu estilo por sua clareza, pureza e graça. "Por isso", diz ele, "Porfírio, sendo levado aos homens como uma corrente mercurial, através de sua variada erudição, desdobrou tudo em perspicuidade e pureza". E em outro lugar ele fala dele como abundante em todas as graças da dicção, e como o único que exibiu e proclamou o louvor de seu mestre. Com relação ao estilo de Proclo, ele é puro, claro e elegante, como o de Dionísio Halicarnasso, mas é muito mais copioso e magnífico; o de Hierocles é venerável e majestoso, e quase se iguala ao estilo dos maiores antigos; o de Salústio possui uma precisão e uma brevidade grávidas, que não podem ser facilmente distinguidas da composição do estagirita. Ode Damascius é claro e preciso, e altamente digno de uma mente mais investigadora.

Outros também se encheram de uma confiança vã, ao ler os comentários desses admiráveis intérpretes, e em pouco tempo se consideraram superiores a seus mestres. Esse foi o caso de Ficinus, Picus, Dr. Henry Moore e outros pseudoplatonistas, seus contemporâneos, que, a fim de combinar o cristianismo com as doutrinas de Platão, rejeitaram alguns de seus princípios mais importantes e perverteram outros, corrompendo assim um desses sistemas e não proporcionando nenhum benefício real ao outro.

Mas quem são os homens pelos quais esses últimos intérpretes de Platão são insultados? Quando e de onde se originou essa difamação? Foi quando os ferozes defensores da trindade fugiram da Galileia para os bosques de Academia e invocaram, mas em vão, a ajuda da Filosofia? Quando

> O bosque trêmulo confessou seu medo,
>
> As ninfas do bosque se assustaram com a visão;
>
> Ilissus recuou em seu curso,
>
> E correu indignado para sua fonte.

Os diálogos de Platão são de vários tipos, não apenas com relação a esses diferentes assuntos, que são os temas deles, mas também com relação à maneira pela qual eles são compostos ou estruturados, e da forma sob a qual eles aparecem para o leitor. Portanto, como imagino, não será impróprio, de acordo com a advertência dada pelo próprio Platão em seu diálogo chamado *Fedro* e imitando o exemplo dado pelos antigos platônicos, distinguir os vários tipos dividindo-os, primeiro, no mais geral e, depois, subdividindo-os no subordinado até chegarmos àquelas espécies inferiores, que denotam particular e precisamente a natureza dos vários diálogos, e das quais eles devem receber suas respectivas denominações.

A divisão mais geral dos escritos de Platão é feita entre os do tipo cético e os do tipo dogmático. No primeiro tipo, nada é expressamente provado ou afirmado, apenas alguma questão filosófica é considerada e examinada, e o leitor é deixado a si mesmo para tirar as próprias conclusões e descobrir as verdades que o filósofo pretende insinuar, seja na forma de investigação, seja na forma de controvérsia e disputa. No caminho da controvérsia são realizados todos os diálogos que tendem a erradicar as opiniões falsas, e isso, seja indiretamente, envolvendo-as em dificuldades e embaraçando seus mantenedores, seja diretamente, refutando suas alegações. No caminho da investigação procedem aqueles cuja tendência é suscitar na mente opiniões corretas, e isso seja estimulando a busca de alguma parte da sabedoria e mostrando de que maneira é possível investigá-la ou liderando o caminho e ajudando a mente a avançar na busca. E isso é feito por meio de um processo que envolve argumentos opostos [dialética].

Os diálogos do outro tipo, os dogmáticos ou didáticos, ensinam explicitamente algum ponto da doutrina, e isso eles fazem ou estabelecendo-a de forma autoritária, ou provando-a nos caminhos da razão e do argumento. Na forma autoritária a doutrina é apresentada, às vezes pelo próprio orador magistralmente possibilitando a aprendizagem, outras vezes como derivada de homens sábios por tradição. O método argumentativo ou demonstrativo de ensino, usado por Platão, procede de todas as formas dialéticas, dividindo, definindo, demonstrando e analisando, cujo objetivo consiste em explorar somente a verdade.

Sócrates, de fato, é em quase todas elas o principal orador, mas quando ele cai na companhia de algum sofista arrogante, quando a sabedoria modesta e a ciência clara de um são contrastadas com a ignorância confiante e a opinião cega do outro, é claro que devem surgir disputas e controvérsias, nas quais o falso pretendente não pode deixar de ser confundido. Intrigá-lo apenas é suficiente, se não houver outras pessoas presentes, porque um homem assim nunca pode ser confundido em sua opinião, mas quando há uma plateia ao redor deles, em perigo de ser enganada por sofismas, então o verdadeiro filósofo deve dar o seu melhor, e o sofista vaidoso deve ser condenado e exposto.

Em alguns diálogos, Platão representa seu grande mestre conversando com jovens das melhores famílias da comunidade. Quando esses jovens têm disposições dóceis e mentes justas, então o filósofo tem a oportunidade de despertar as sementes latentes da sabedoria e cultivar as plantas nobres com a verdadeira doutrina, na forma afável e familiar de investigação conjunta. A isso se deve o gênio inquisitivo de tais diálogos: onde, por uma aparente igualdade na conversa, a curiosidade ou o zelo do mero estranho é excitado, o do discípulo é encorajado e, por meio de perguntas apropriadas, a mente é auxiliada e encaminhada na busca da verdade.

Em outras ocasiões, o herói filosófico desses diálogos é apresentado em um caráter mais elevado, engajado em discursos com homens de entendimento mais aprimorado e mentes mais esclarecidas. Nessas ocasiões, ele tem a oportunidade de ensinar de maneira mais explícita e de descobrir as razões das coisas, pois a esse público a verdade é devida, e todas as demonstrações[39] são possíveis ao ensiná-la. Portanto, nos diálogos compostos por essas pessoas surge naturalmente o gênio justamente argumentativo ou demonstrativo e isso, como observamos, de acordo com todos os métodos dialéticos.

Mas quando a doutrina a ser ensinada não admite demonstração de que é a doutrina das antiguidades, sendo apenas tradicional, e uma

---

39 NOTA DE THOMAS TAYLOR – Os platônicos observam com razão que Sócrates, nesses casos, faz uso de raciocínio demonstrativo e justo, ao passo que para o novato ele se contenta com argumentos apenas prováveis. Já contra o sofista litigioso muitas vezes emprega aqueles que são intrigantes e contenciosos.

questão de crença; e a doutrina das leis, ordenadas de formas precisa e formalmente, e a questão da obediência, o ar de autoridade é então assumido. Nos primeiros casos, a doutrina é tradicionalmente transmitida a outros por meio da autoridade dos sábios antigos, no último, é didaticamente pronunciada com a autoridade de um legislador.

Isso é o que se pode dizer sobre a maneira pela qual os diálogos de Platão são compostos individualmente e o gênio que os compõe. A forma sob a qual eles aparecem, ou o caráter externo que os marca, é de três tipos: ou puramente dramático, como o diálogo da tragédia ou da comédia; ou puramente narrativo, em que se supõe que uma conversa anterior foi escrita e comunicada a algum amigo ausente; ou do tipo misto, como uma narração em poemas dramáticos, em que é recitada, para alguma pessoa presente, a história de coisas passadas.

Tendo assim dividido os diálogos de Platão, no que diz respeito àquela forma ou composição interna, que cria seu gênio, e novamente, com referência àquela forma externa, que os marca, como flores e outros vegetais, com um certo caráter, devemos ainda fazer uma divisão deles no que diz respeito a seu assunto e seu projeto, começando com seu projeto, ou fim, porque para isso todos os assuntos são escolhidos. O fim de todos os escritos de Platão é aquele que é o fim de toda verdadeira filosofia ou sabedoria, a perfeição e a felicidade do ser humano, o assunto geral, e a primeira tarefa da filosofia deve ser perguntar o que é esse ser chamado humano, que deve ser feito feliz, qual é a sua natureza, em cuja perfeição está colocada a sua felicidade.

Os diálogos de Platão, portanto, com relação a seus temas, podem ser divididos em especulativos, práticos e aqueles de natureza mista. Os temas desses últimos são gerais, abrangendo ambos os outros, ou diferenciais, distinguindo-os. Os assuntos gerais são fundamentais ou finais, uma vez que os do tipo fundamental são a filosofia, a natureza humana, a alma do ser humano. Os do tipo final são o amor, a beleza, o bem. O diferencial diz respeito ao conhecimento, tal como está relacionado à prática, em que são consideradas duas questões: uma delas é se a virtude deve ser ensinada; a outra é se o erro na vontade depende do erro no julgamento. Os temas dos diálogos especulativos estão relacionados a palavras ou a coisas. Do primeiro tipo estão a etimologia, a sofística, a retórica, a poesia; do segundo tipo estão a ciência, o ser verdadeiro, os princípios da mente, a natureza externa. Os assuntos práticos referem-se à conduta privada e ao governo da mente sobre todo o ser humano ou ao seu dever para com os outros em suas diversas relações, ou ao governo de um estado civil e à conduta pública de todo um povo. Sob esses três cabeçalhos, classificam-se em ordem os assuntos práticos específicos, isto é, virtude em geral, santidade, temperança, fortaleza, justiça, amizade, patriotismo, piedade; a mente governante em um governo civil, a estrutura e a ordem de um estado, a lei em geral e, por fim, as regras de governo e de conduta pública, as leis civis.

Assim, para dar ao leitor uma visão científica, ou seja, abrangente e ao mesmo tempo distinta dos escritos de Platão, tentamos mostrar a ele suas distinções justas e naturais, quer ele opte por considerá-los em relação à sua forma ou essência interior, à sua forma ou aparência exterior, à sua matéria ou ao seu fim, ou seja, naqueles termos mais familiares que usamos nesta Sinopse, seu gênio, seu caráter, seu assunto e seu desígnio.

E aqui é necessário observar que, como é a característica do bem mais elevado ser universalmente benéfico, embora algumas coisas sejam mais beneficiadas por ele e outras menos, em consequência de sua maior ou menor aptidão para recebê-lo, da mesma forma os diálogos de Platão são tão amplamente marcados com os caracteres do bem soberano, que são calculados para beneficiar em certo grau até aqueles que são incapazes de penetrar em sua profundidade. Eles podem domar um sofista selvagem, como Trasímaco[40] na *República*; humilhar a arrogância até mesmo daqueles que ignoram sua ignorância; fazer que aqueles que nunca chegarão à virtude teórica se tornem proficientes em política; e, em suma, como as iluminações da divindade, onde quer que haja qualquer porção de aptidão em seus receptores, eles purificam, irradiam e exaltam.

Após essa visão geral dos diálogos de Platão, vamos, em seguida, considerar seus preâmbulos, as digressões com as quais eles abundam e o caráter do estilo em que são escritos. Com relação ao primeiro deles, os preâmbulos, por mais supérfluos que possam parecer à primeira vis-

---

40 Esse sofista afirma que a justiça não é mais do que o interesse do mais forte, pois em toda cidade são os fortes que governam e fazem as leis.

ta, eles serão encontrados em uma inspeção mais minuciosa, necessária para o projeto dos diálogos que acompanham. Assim, a parte prefacial do *Timeu* desdobra, em imagens de acordo com o costume pitagórico, a teoria do mundo. A primeira parte do *Parmênides*, ou a discussão de ideias, é, de fato, meramente um preâmbulo para a segunda parte, ou a especulação da primeira, para a qual, no entanto, é essencialmente preparatória. Por isso, como diz Plutarco, quando fala do diálogo de Platão *A Atlântida*: "Esses preâmbulos são portões soberbos e pátios magníficos com os quais ele embeleza propositalmente seus grandes edifícios, para que nada falte à sua beleza e para que todos sejam igualmente esplêndidos. Ele age, como bem observa Dacier, como um grande príncipe que, quando constrói um palácio suntuoso, adorna (na linguagem de Píndaro) o vestíbulo com colunas de ouro. Pois é adequado que o que é visto primeiro seja esplêndido e magnífico, e que anuncie de forma perspicaz toda a grandeza que depois se apresenta à vista".

No que diz respeito às frequentes digressões em seus diálogos, essas também, quando examinadas com precisão, serão consideradas não menos subservientes ao objetivo principal dos diálogos em que são introduzidas, ao mesmo tempo que proporcionam um agradável relaxamento à mente do trabalho de investigação severa. Assim, Platão, por meio da mais feliz e encantadora arte, consegue conduzir o leitor ao templo da verdade através dos deliciosos bosques e vales das graças. Em suma, esse percurso sinuoso, quando considerado atentamente, será considerado o caminho mais curto pelo qual ele poderia conduzir o leitor ao fim desejado, pois, para conseguir isso, é necessário considerar não aquele caminho que é mais reto na natureza das coisas, ou abstratamente considerado, mas sim aquele que é mais direto nas progressões do entendimento humano.

Com relação ao estilo de Platão, embora ele constitua, na realidade, a parte mais insignificante do mérito de seus escritos, sendo o estilo, em todas as obras filosóficas, a última coisa a que se deve dar atenção, mesmo assim Platão pode disputar a palma da excelência com os mais renomados mestres da dicção.

Tendo assim considerado a filosofia de Platão, dado uma visão geral de seus escritos e feito algumas observações sobre seu estilo, resta agora falar sobre a seguinte organização de seus diálogos e tradução de suas obras e, em seguida, com algumas observações apropriadas, encerrar esta Introdução.

Como nenhum arranjo preciso e científico desses diálogos nos foi transmitido pelos antigos, tive a necessidade de adotar um arranjo próprio, que acredito não ser anticientífico, por mais que seja inferior ao que sem dúvida foi feito, embora infelizmente perdido, pelos últimos intérpretes de Platão. Em meu arranjo, portanto, imitei a ordem do Universo, na qual, como observei, o todo precede as partes, e os universais, os particulares. Por isso, coloquei em primeiro lugar os diálogos que se classificam como inteiros, ou que têm a relação de um sistema, e depois aqueles em que esses sistemas são ramificados em particulares. Assim, após o *Primeiro Alcibíades*, que pode ser chamado, e parece ter sido geralmente considerado pelos antigos como uma introdução a toda a filosofia de Platão, coloquei a *República* e as *Leis*, que podem ser consideradas como compreendendo sistematicamente a moral e a política de Platão. Depois desses, classifiquei o *Timeu*, que contém toda a sua fisiologia, e junto a ele o *Crítias*, por causa de sua conexão com o *Timeu*. O próximo na ordem é o *Parmênides*, que contém um sistema de sua teologia. Até aqui, esse arranjo está de acordo com o progresso natural da mente humana na aquisição do conhecimento mais sublime; o arranjo subsequente diz respeito principalmente à ordem das coisas. Depois do *Parmênides*, seguem-se o *Sofista*, o *Fedro*, o *Grande Hípias* e o *Banquete*, que podem ser considerados como muitos conjuntos menores subordinados e compreendidos no *Parmênides*, que, como o próprio Universo, é um conjunto de conjuntos. No *Sofista* o próprio ser é investigado, no *Banquete*, o próprio amor, e no *Fedro* a própria beleza, todos eles são formas inteligíveis e, consequentemente, estão contidos no *Parmênides*, no qual toda a extensão do inteligível é revelada. O *Grande Hípias* é classificado com o *Fedro*, porque no último é discutida toda a série do belo, e no primeiro aquilo que subsiste na alma. Depois desses, segue-se o *Teeteto*, no qual a ciência considerada como subsistente na alma é investigada; a própria ciência, de acordo com sua primeira subsistência, foi previamente celebrada por Sócrates em uma parte do *Fédro*. O *Político* e o *Minos*, que se seguem, podem ser considerados como ramificações das *Leis*; e, em resumo, todos os diálogos seguintes ou consideram mais particularmente os dogmas que são sistematicamente compreendidos naqueles já enumerados, ou fluem naturalmente deles como sua fonte original. Como, no entanto, não parecia possível organizar esses diálogos que se classificam como partes na mesma ordem precisa daqueles que consideramos como um todo, achou-se melhor classificá-los de acordo com sua concordância em uma circunstância particular, como o *Fedro*, a *Apologia* e o *Críton*, todos relacionados à morte de Sócrates, e como o *Mênon* e o *Protágoras*, relacionados à questão de saber se a virtude pode ser ensinada; ou de acordo com sua concordância de caráter, como *Hípias Menor* e *Eutidemo*, que são anatrópicos, e *Teages*, *Laques* e *Lísis*, que são diálogos maiêuticos. O *Crátilo* é classificado em último lugar, não tanto porque o assunto dele é etimologia, mas porque grande parte dele é profundamente teológico; pois, por esse arranjo, depois de ter ascendido a todas as ordens divinas e seu princípio inefável no *Parmênides*, e daí descido em uma série regular para a alma humana nos diálogos subsequentes, o leitor é novamente levado de volta à divindade nesse diálogo, e assim imita a ordem que todos os seres observam, a de retornar incessantemente aos princípios de onde voaram.

Após os diálogos, seguem-se as *Epístolas* de Platão, que são, em todos os aspectos, dignas do príncipe de todos os verdadeiros filósofos. Elas não são apenas escritas com grande elegância e, ocasionalmente, com magnificência de dicção, mas toda a dignidade de uma mente consciente de seus dons superiores e toda a autoridade de um mestre em filosofia. Da mesma forma, estão repletos de muitas observações políticas admiráveis e contêm alguns de seus dogmas mais obscuros, que, embora sejam apresentados de forma enigmática, a maneira como são apresentados elucida ao mesmo tempo que é elucidado pelo que é dito sobre esses dogmas em seus diálogos mais teológicos.

Com relação à seguinte tradução, é necessário observar, em primeiro lugar, que o número de diálogos legítimos de Platão é cinquenta e cinco. Embora a *República* forme apenas um tratado, e as *Leis* outro, ainda assim a primeira consiste em dez, e a última em doze livros, e cada um desses livros é um diálogo. Portanto, como há trinta e três diálogos, além das *Leis* e da *República*, cinquenta e cinco será, como dissemos, a quantidade do todo.

E aqui a gratidão exige que eu reconheça publicamente a maneira muito elegante e liberal como fui recebido pela Universidade de Oxford, pelo bibliotecário principal e pelos sub-bibliotecários da biblioteca Bodleian, durante o período em que fiz os extratos mencionados. Em primeiro lugar, tenho que reconhecer a atenção muito educada que me foi dada pelo Dr. Jackson, reitor da *Christ-church*. Em segundo lugar, a liberdade de frequentar a biblioteca Bodleian e a acomodação que me foi oferecida pelos bibliotecários dessa excelente coleção exigem de mim um grande tributo de elogios. E, acima de tudo, a maneira muito liberal como fui recebido pelos colegas do New College, com quem residi por três semanas e de quem experimentei até a hospitalidade grega, será, acredito, uma tarefa tão difícil para o tempo apagar de minha memória quanto seria para mim expressá-la como merece.

Com relação às falhas que eu possa ter cometido nesta tradução (pois não sou vaidoso o suficiente para supor que ela não tenha falhas), eu poderia alegar como desculpa o fato de que toda ela foi executada em meio a uma severa resistência à enfermidade física e a circunstâncias de indigência; e que uma parte muito considerável dela foi realizada em meio a outros males de magnitude não comum e outros trabalhos que não são adequados para tal empreendimento. Mas quaisquer que sejam meus erros, não vou pedir desculpas à calamidade. Que seja minha desculpa o fato de que os erros que eu possa ter cometido em detalhes menores tenham surgido de minha ânsia de apreender e promulgar aquelas grandes verdades da filosofia e da teologia de Platão, que, embora tenham sido ocultadas por eras no esquecimento, têm uma cosubsistência ao Universo e serão novamente restauradas e florescerão por períodos muito longos, através de todas as infinitas revoluções do tempo.

Em seguida, é necessário falar a respeito das qualificações exigidas de um estudante legítimo da filosofia de Platão, antes do que eu devo apenas notar o absurdo de supor que um mero conhecimento da língua grega, por maior que seja esse conhecimento, é suficiente para a compreensão das sublimes doutrinas de Platão, porque um homem poderia muito bem pensar que ele pode entender Arquimedes sem um conhecimento dos elementos da Geometria, meramente porque ele pode lê-lo no original. Aqueles que alimentam uma opinião tão inútil fariam bem em meditar sobre a profunda observação de Heráclito: "que a erudição não ensina o intelecto".

Por estudante legítimo, então, da filosofia platônica, quero dizer aquele que, tanto por natureza quanto por educação, está adequadamente qualificado para um empreendimento tão árduo, isto é, aquele que possui uma disposição naturalmente boa, é sagaz e perspicaz, e está inflamado com um desejo ardente pela aquisição da sabedoria e da verdade que desde sua infância foi bem instruído nas disciplinas matemáticas. Além disso, passou dias inteiros, e frequentemente a maior parte da noite, em profunda meditação, e que, como alguém que navega triunfalmente sobre um mar revolto, ou que atravessa habilmente um exército de inimigos, tenha enfrentado com sucesso uma multidão hostil de dúvidas. Em suma, que nunca tenha considerado a sabedoria como algo de estimativa insignificante e de fácil acesso, mas como algo que não pode ser obtido sem a mais generosa e severa resistência, e cujo valor intrínseco supera todo bem corpóreo, muito mais do que o oceano a bolha fugaz que flutua em sua superfície. Para aqueles que são destituídos desses requisitos, que fazem do estudo das palavras seu único emprego e da busca pela sabedoria apenas uma coisa secundária, que esperam ser sábios por meio de uma aplicação esporádica por uma ou duas horas em um dia, após as fadigas dos negócios, depois de se misturar com a multidão vil da humanidade, rindo com os alegres, assumindo ares de seriedade com os sérios, concordando tacitamente com a opinião de todos, por mais absurda que seja, e piscando para a tolice, por mais vergonhosa e baixa que seja – para pessoas como essas, e, infelizmente o mundo está cheio deles – as verdades mais sublimes devem parecer nada mais do que jargão e devaneio, os sonhos de uma imaginação perturbada ou as ebulições de uma fé fanática.

Mas tudo isso não é de forma alguma maravilhoso se considerarmos que a ignorância dupla é a doença de muitos. Pois eles não são apenas ignorantes com relação ao conhecimento mais sublime, mas são mesmo ignorantes de sua ignorância. Por isso, nunca suspeitam de sua falta de entendimento, mas rejeitam imediatamente uma doutrina que parece absurda à primeira vista, porque é esplêndida demais para seus olhos de morcego contemplarem. Ou, se chegam a concordar com sua verdade, essa concordância é o resultado da mesma doença mais terrível da alma. Pois, segundo Platão, eles imaginam que compreendem as verdades mais elevadas, quando na verdade é exatamente o contrário que acontece. Por isso, peço encarecidamente a pessoas desse tipo que não se intrometam em nenhuma das profundas especulações da filosofia platônica, pois é mais perigoso incitá-los a tal emprego do que aconselhá-los a seguir suas sórdidas ocupações com assiduidade incansável e a trabalhar pela riqueza com crescente alacridade e vigor. Dessa forma, eles darão livre curso aos hábitos vulgares de sua alma e logo sofrerão a punição que, em tais casos, deve sempre preceder a iluminação mental e ser a consequência inevitável da culpa. É bem dito, de fato, por *Lísis*, o pitagórico, que inculcar especulações e discursos liberais àqueles cuja moral é turva e confusa é tão absurdo quanto derramar água pura e transparente em um poço profundo cheio de lama e barro, porque quem faz isso apenas perturba a lama e faz a água pura se tornar contaminada. O bosque desses, como o mesmo autor belamente observa (que é a vida irracional ou corpórea), no qual essas paixões terríveis são nutridas, deve primeiro ser purificado com fogo e espada, e todo tipo de instrumento (isto é, por meio de disciplinas preparatórias e das virtudes políticas), e a razão deve ser libertada de sua escravidão às afeições antes que qualquer coisa útil possa ser plantada nesses lugares selvagens.

Então, que ninguém presuma explorar as regiões da filosofia platônica. A terra é pura demais para admitir o sórdido e o vil. A estrada que conduz a ela é intrincada demais para ser descoberta pelos inábeis e estúpidos, e a jornada é longa e trabalhosa demais para ser realizada pelo escravo da paixão e pelo ludibriador da opinião, pelo amante do senso e pelo desprezador da verdade. Os perigos e as dificuldades da empreitada são tais que não podem ser suportados por ninguém, a não ser pelos aventureiros mais corajosos e talentosos; e aquele que inicia a jornada sem a força de Hércules, ou a sabedoria e a paciência de Ulisses, deve ser destruído pelas feras da floresta ou perecer nas tempestades do oceano, deve sofrer a transmutação em uma besta pelo poder mágico de Circe, ou ser exilado para sempre pelo encanto de Calipso. Em suma, deve descer ao Hades e vagar em sua escuridão, sem emergir de lá para as regiões brilhantes da manhã, ou ser arruinado pela melodia mortal da canção das sereias. Para o viajante mais habilidoso, que segue a estrada certa com um ardor que nenhum trabalho pode diminuir, com uma vigilância que nenhum cansaço pode transformar em negligência e com uma virtude que nenhuma tentação pode seduzir, ela exibe por muitos anos a aparência da Ítaca de Ulisses ou da nau voadora de Eneias. Tão logo vislumbramos a terra agradável que deve ser o fim de nossa jornada, ela é subitamente arrebatada de nossa vista, e ainda nos encontramos à distância da costa amada, expostos à fúria de um mar tempestuoso de dúvidas.

Abandonem, portanto, almas rasteiras, o projeto infrutífero! Persigam com avidez a estrada batida que leva a honras populares e ganhos sórdidos, mas abandonem todos os pensamentos de uma viagem para a qual vocês estão totalmente despreparados. Você não percebe a extensão de mar que o separa da costa real? Um mar, "Enorme, horrendo, vasto, onde raramente navega em segurança o navio mais bem construído, ainda que Zeus inspire os ventos. E não podemos justamente lhe perguntar, de forma semelhante à interrogação de Calipso: 'Que navios você tem, que marinheiros para transportar, que remos para cortar o longo e trabalhoso caminho?'".